MW00723355

LA BODA DEL POETA

ANTONIO SKÁRMETA

LA BODA DEL POETA

PLAZA JANÉS

Primera edición: septiembre, 1999

© 1999, Antonio Skármeta
© de la presente edición: 1999, Plaza & Janés Editores, S. A.
   Travessera de Gràcia, 47-49. 08021 Barcelona

Printed in Spain – Impreso en España

ISBN: 84-01-01285-6
Depósito legal: M. 26.910 - 1999

Fotocomposición: Lozano Faisano, S. L.

Impreso en Mateu Cromo
Ctra. de Fuenlabrada, s/n (Madrid)

L 012856

para Nora y Fabián Cristóbal

La causa inmediata del levantamiento ilirio fue el reclutamiento forzoso ordenado el año 6 D. C. por Tiberio con motivo de las invasiones germanas. Pero las causas más lejanas y generales, es necesario buscarlas en el sistema de opresión aplicado por los romanos en todas las regiones ilirias, donde se habían construido caminos con el solo propósito de subyugar y explotar sin vergüenza a los propietarios del suelo. Los maliciosos se habían quedado hasta entonces tranquilos, pero cuando Tiberio marchó una segunda vez contra los celtas, y Valerio Mesala, entonces gobernador de Malicia, recibió la orden de formar un contingente con jóvenes en pleno vigor de sus fuerzas, los maliciosos no vacilaron más. Los jefes de la insurrección eran anónimos, o más bien los historiadores romanos y helenos no nos transmitieron sus nombres.

ANTUN DAMIC
Breve Historia de Costas de Malicia

La demanda por el vino de Gema duró hasta el tratado comercial de Austria con Italia (1891), que estableció la llamada cláusula del vino. Por este convenio Italia podía exportar su vino a los territorios austríacos en condiciones preferenciales. Esto inmediatamente repercutió en el mercado y los precios bajaron. Con ello las exportaciones cayeron significativamente. Desapareció el estímulo para la plantación de nuevas viñas. El vino producido se consumía casi exclusivamente en Costas de Malicia, y quedaba un gran sobrante. Los buques quedaron inmovilizados en los puertos y sin otros ingresos. Y para que la desgracia fuese mayor, la filoxera atacó los viñedos maliciosos en 1894 y gradualmente los aniquiló.

Debido a estas desgracias, los campesinos, en su mayoría vinicultores, sufrieron grandes pérdidas. En su desolación recurrieron a los comerciantes ricos y a los grandes propietarios para que los ayudasen. Sus escasos productos los vendían a bajo precio y por el dinero prestado pagaban fuertes intereses. Los préstamos usurarios empobrecieron aún más al pequeño campesino. Como ya no había tierra para otros cultivos, se vieron obligados a emigrar. Así la gente de Gema, que antes daba trabajo a otros, tenía ahora que ir ella misma a buscar trabajo en tierras lejanas y extrañas.

ANTUN DAMIC

Historia de la isla de Gema

¡Cuántas cosas se agitan en el corazón de una mujer que no son para ser mostradas a la clara luz del día!

HEINRICH VON KLEIST

Pentesilea

PRÓLOGO

Según me contó mi abuelo en Antofagasta, él provenía de una isla tan pobre, que al hombre rico de la región se le consideraba afortunado a la misma altura de los relatos bíblicos, de los cuentos de hadas, de las gigantomaquias que contaban titiriteros de paso. Uno de esos cuenteros con cabello alucinado y nariz de arpía, el Bellaco Yaksic, había expandido en Gema la especie de que más allá de Italia, de la Francia eterna, del indómito Atlántico y sus descomunales *icebergs* había una ciudad donde en vez de árboles brotaban edificios tan esbeltos que subir sus escaleras requería de tres días con sus noches. Una dama que pudo trepar a la cumbre del más alto de los rascacielos había vuelto al cabo de un mes diciendo que había estado sentada a la diestra de Dios y que el Señor era igual a las figuras del creador pintadas en las parroquias de nuestras aldeas.

Mi nono descreía de todas esas boberías y exageraciones, y hasta su emigración trató de encontrar la fórmula de un pesticida que acabara con la plaga de la filoxera, un mal que pudría las vides y arruinaba a las familias campesinas. Con una golosa moneda de plata les pidió a los charlatanes que en el próximo viaje, en vez de traerles más noticias sobre esa urbe de tan magníficas ubres donde todos parecían henchidos cual monos porfiados, volvieran con una tonelada de química para atacar la peste de las uvas y no las cabezas de sus aldeanos, hartos de cuentos exóticos y ávidos de comida.

El acelerado juglar se guardó el doblón en su faltriquera e incurable agregó que en Nueva York las mujeres andaban con faldas tan cortas que muchas veces la «deliciosa verdura» de sus pubis se derramaba al sentarse en los bares, y las telas con que cubrían sus bustos eran tan transparentes que sus pezones se veían como medallas de general prusiano.

Dijo que sus cabelleras rubias encerraban pócimas que enloquecían a los hombres, y que éstos al pasar a su lado experimentaban erecciones tan significativas que locos de vergüenza huían rápido de ellas como si tuvieran tres piernas. En fin, delirios que nutren con frecuencia también la literatura de nuestros lares.

Tocante a Nueva York el hombre más rico de la aldea saldría de dudas cuando el astillero Bizarro terminara aquel navío capaz de rodear el Mediterráneo y zarpar hacia América. Mi abuelo exagera que un año antes de emigrar, un buque trajo un día tal cargamento de madera y metal a San Pedro que con esos materiales se hubiera podido fundar una ciudad nueva, dando así trabajo a cientos de víctimas de la epidemia.

Con conciencia social vanguardista para la época, enfrentó a don Jerónimo, el rico, enrostrándole que lo patriótico no era partir a Nueva York a descocarse tras rameras y rascacielos, sino quedarse aquí y hacerse cargo de la adversidad de sus coterráneos.

El hombre más rico de la isla no tardó en replicar los plañideros argumentos de mi abuelo, con un texto filudo que puede aún ser leído en los archivos isleños del Adriático, asequible en microfilm en la

Biblioteca Pública de Ancona. Resumo aquí sólo lo que es pertinente a esta novela, para evitar entrar en la filigrana de odiosidades y abanderamientos pasionales tan típicos de la época que resultarían hoy triviales e incomprensibles. La parte que nos atañe da dos datos significativos para comprender su carácter y el repentino aluvión de acontecimientos que culminarán recién en la actualidad, cuando el lector de estas páginas cierre, espero más con tristeza que alivio, el libro que tiene en sus manos.

«Con retórica populista y miserabilista el señor Skármeta me habla de la *adversidad* de los habitantes de la isla y pretende que mi corazón apañe sus lágrimas como si esa palabra les perteneciera sólo a ellos.

»*Adversidad*, caballero, es un concepto que debiera aplicarse solamente a mí. ¿Por qué habría yo de ocuparme de la *adversidad* de una masa organizada de seres prejuiciados y sibilinos cuando son ellos, sus compatriotas, quienes me han apartado fanáticamente de un matrimonio con algunas de sus hijas, después de la desgarradora y trágica viudez de mi antecesor, que hasta hoy es el comidillo cruel en las sucias bocas de todas las aldeas y caseríos? ¿Qué culpa tengo yo del trágico desenlace de Marta Matarasso?

»¿Qué tiene de malo que proyecte emigrar hacia Nueva York, la ciudad que ya hoy es futuro cuando la superstición, la grosería, la venganza hacia el que tiene más porque trabajó mejor, impidieron que tuviera familia en estos lares que amo, no por herencia ni costumbre sino por orgullosa decisión de foráneo?

»¿Cree usted que, el día que muera, alguno de estos seres en la adversidad que usted menciona ayudará a echar una paletada de tierra sobre mi cadáver? ¿Qué hija o hijo tengo yo que vaya a bajarme los párpados cuando la muerte me enrede cualquier amanecer de furia adriática?

»Anticipo mi futuro con precisa melancolía: quedaré yerto entre las rocas, hecho un atado de algas, el mar desfigurará mis rasgos y los perros se encargarán de mis vísceras.»

El joven Skármeta quedó turbado con estas líneas que por primera vez mostraban de don Jerónimo algo más que la sonrisa cuando hacía girar la manilla de su caja registradora para recibir el billete que pagaba las mercancías. Permaneció dos días en cama atacado por el virus de la tristeza, pensando que en vez de argumentar contra los sentimientos del hombre más rico, escribiría un intenso *mea culpa* que iba a concluir con un llamado a la piedad y a la fraternidad de todos los isleños. Elaboró entonces una enternecedora misiva para la edición semanal del periódico.

Aquella pieza literaria resultó eficaz en el menguado ambiente de campesinos, pescadores, anarquistas, y mineros. No hay viejo que no acredite que gracias a la pluma del nono se le abrió a Jerónimo el camino hacia la bella Alia Emar, personaje decisivo en la ficción que aguarda la curiosidad de los lectores:

En los años setenta, la brutalidad de un ominoso dictador en mi patria, me hizo partir hacia Europa, recorriendo al revés el mismo itinerario de mi abuelo. Por años viví en Alemania, inconveniente que se mitigó en verano cuando bajé hacia Costas de Malicia, con la intención de comer sol, peces a las brasas, y conseguir el artículo original de mi nono, en quien veía el último posible germen de mi vocación literaria. Desprovisto de mi país, la vida cotidiana de Costas de Malicia me parecía tan modesta cual acogedora, y en mi diario de viaje di cuenta de aquella tregua:

El pastor sube a la montaña con sus cabras.
El poeta Nazor sube a la torre a pastar palabras.
Los veleros surcan la bahía del pueblo.
Las arrugas surcan el rostro de un abuelo.
El tío asa los peces en las brasas.
La abuela aliña una ensalada.
Las lentas nubes del sur alivian
Mi exilio en Costas de Malicia.

Años después, ese país que me había permitido este último suspiro de ingenuidad entró en otra guerra brutal que, en regiones no muy lejanas a Gema, dura hasta hoy. Vistas en grande, las conflagraciones nos impresionan como tragedias. Conocidas en pequeño, hay intersticios de comedia, sátira y melodrama.

Este último fue el género en que descolló mi nona a la hora de la siesta en Antofagasta. Todos dormían, menos ella, que con infatigables ojos azules y el mal genio pacificado por la sintonía del receptor *Philco*, escuchaba seriales góticas y truculentas hasta concluir el tejido de chalecos, bufandas y calcetas, que impajaritablemente recibíamos de regalo para los cumpleaños y onomásticas. La nona tuvo siempre una fina percepción del desenlace de los conflictos, intuiciones que hoy como escritor profesional aún le envidio.

En las pausas comerciales de la comedia, mi nona pronosticaba con fuerte acento malicioso, haciendo rodar las erres, lo que le ocurriría en los próximos minutos a la heroína. «Dios la va ayudar y recuperará la vista» (si era ciega); «un señor de buena familia la va a sacar del burdel y se va a casar con ella»; «le van a cortar el dedo para robarle el anillo de oro»; «irá de viaje a Nueva York y un médico famoso le va a curar la sífilis».

A Esteban Coppeta sólo lo vi una vez en el Club Social Malicioso de Antofagasta perdiendo una partida de póker sobre una precaria mesa bajo un ruidoso ventilador. No creo haberle dicho nada, pero sí recuerdo que me miró largamente cuando mi abuelo exhibió histriónico y triunfal un *full* de reyes, como si sugiriera que yo había contribuido a tenderle una trampa. Me detengo en este detalle, pues lo único que puedo fehacientemente avalar del relato que sigue, es el vértigo de esa mirada azul, aún más indefinible que todas las aproximaciones que se intentan en mi ficción.

En lo que a Nueva York se refiere, confieso que he compartido la misma alienación con Reino Coppeta y aún es la ciudad que me sigue subiendo los humos a la cabeza a pesar de las pullas de mis amigos izquierdistas.

Durante muchos años quise escribir esta obra, pero la postergué esperando que se armara sola. Como mis avezados lectores saben, las imprecisiones se las arreglan para organizarse y constituir ese tiempo y espacio soberano de la novela.

Se la dedico en primer lugar a mis nonos, pues muertos y enterrados en el norte de Chile, ya no pueden desmentir lo que aquí se cuenta.

LA BODA DEL POETA

1

Érase una vez un tiempo pleno en una lejana isla de Costas de Malicia. Las uvas se hinchaban bajo el sol como luminosas campanas de iglesia la lluvia era cual la visita de un familiar que nos da alegría cuando llega y felicidad cuando se marcha y las jóvenes doncellas tiernamente vetaban a sus fogosos novios hasta que el matrimonio los fundiese. Marta Matarasso era la más bella de sus hijas, y la isla hacía conjeturas, a veces en forma de apuestas, acerca del hombre que la desposaría cuando cumpliera los diecisiete años. Aún viven en ese lejano lugar nietos de algunos que quebraron lanzas por ella, bailarines con zapatos de charol, pescadores de piel cobriza, estudiantes más eréctiles que aprovechados, burócratas de corbatas y bigotes cursis y otras especies de difícil detalle.

Así como el buen Descartes proclamó que nada hay más bien esparcido que el sentido común, aquella lejana isla era la excepción. Los efluvios primaverales solían ser tan intensos, que los varones sólo se calmaban cuando llegaba el verano y los barcos traían a las playas harinosas suecas y ojerosas británicas que otorgaban con caridad liberal aquello que las lugareñas guardaban tejiendo mantelitos a crochet a la espera del momento «que la perla roja de su honor» coronara triunfal la noche de bodas, según la lírica de una turumba que aún se escucha.

Aunque a nadie le faltaba nada, todos tenían poco, y para conquistar a las chicas los isleños no poseían otro capital que el ingenio. Pero mucho cambió cuando se abrió un inmenso almacén «europeo», al estilo de grandes tiendas del continente tipo Harrod's, Gath y Chávez, Temperley y Thompson, menos para atender a los lugareños, que sólo sabían ahorrar caspa en sus cabellos y hongos en sus pies, que para los distraídos esposos de suecas e inglesas que compraban sus scotchs, habanos, champanes y camisas de popelina italiana sin pagar ningún tipo de impuesto.

Así se beneficiaban sólo el dueño del almacén y el gobierno central del que dependía aquella isla, situación que llevó a lugareños rebeldes con ideas federalistas a alzarse contra el imperio. Estos grupos llegaron a acumular hasta una docena de militantes. El primero de ellos estuvo muy activo hacia fines de siglo. Su líder José Coppeta fue recibido por la sede del Gobierno, donde el ministro de Tierra y Colonización le entregó sin más un pergamino según el cual cedía de buen grado la autonomía a la isla Gema con todos los derechos de una nación independiente, poder para generar su propia bandera, y hasta si lo querían, usar el dialecto local como idioma oficial.

Dice un testigo que el ministro se acercó a un mapa del país que pendía en su despacho, confeccionado en París, y le pidió a Coppeta que le señalara con un dedo donde quedaba la nueva nación. Con orgullo, el rebelde indicó la isla de Gema a unos dos mil kilómetros de la capital, y el ministro sólo comentó «no es tan lejos ni tan cerca», frase sibilina que reflejaba alguna intención sin apuntar precisamente a ninguna.

Acto seguido le pidió a Coppeta que le diera sus nombres y apellidos completos, y dictó a su secretario un edicto, mediante el cual nombraba con esa fecha a Coppeta presidente del naciente país. Al preguntarle qué nombre le pondría, el presidente recién designado, confesó con modestia que mantendrían el mismo apodo de la isla agregándole la expresión «República Independiente».

–República Independiente de Gema –saboreó en voz alta el ministro–. Suena bien.

La autoridad le sugirió a Coppeta que al cabo de un plazo prudente se hiciera elegir en elecciones democráticas, ya que los cargos designados por arbitrio tarde o temprano enfurecían a los fanáticos de la democracia, bestias que confundían las estadísticas con la inteligencia.

El presidente designado valoró el consejo, y disculpándose por la falta de diplomacia, agradeció los pergaminos «desde el fondo telúrico de mi patria» y le comunicó al ministro que debía abandonar presto el gabinete pues si no perdería el barco que lo llevaría con las albricias de vuelta a su pueblo. El funcionario no sólo disculpó la comprensible prisa de su ex súbdito, sino que puso a su disposición una carroza para que lo llevara al puerto, y preguntó con cortesía, prometedora de agasajos, el nombre de la nave que lo conduciría a la isla. Coppeta extrajo el boleto y leyó en voz alta el apelativo de la nave: *Carontes*. El ministro sonrió abriendo con su gesto cada una de las piezas de su impecable dentadura, y dijo la enigmática frase: «Un nombre muy *ad hoc*.»

En una charla informal y romántica que tuvo José Coppeta bajo la luz de la luna en el *Carontes* con una turista alemana de lúcidos ojos verdes llamada Anna Dickmann desplegó para ella los pergaminos que proclamaban la independencia de su lar y su nombramiento como presidente.

Pero a la mañana siguiente, es decir a pocas horas de la idílica sesión bajo el plenilunio, con infinita falta de delicadeza, el capitán del *Carontes* Piotre Jeftanovic convocó a todos los pasajeros de las distintas clases y expuso ante ellos la cabeza de Coppeta separada del cuerpo por una presumible cimitarra turca. Adjuntando en forma grotesca el cuello a los omóplatos del difunto preguntó si alguien conocía a este hombre y si alguno de los presentes asumía el filudo asesinato. Anna Dickmann, incapaz de ocultar su horror, y estremecida de repentina viudez, dijo que nos encontrábamos frente a los restos mortales del presidente de la República de Gema y exigió los pergaminos que acreditaban su nombramiento.

El almirante Piotre Jeftanovic le pidió a la bella dama que se acercara a babor, y mostrándole dos barquitos de papel indujo a la turista alemana a que los arrojara al mar. En el azul tenaz de ese mar que había cantado sin exageraciones Homero, las frágiles embarcaciones se inundaron en pocos segundos.

−Me temo que ésos son los títulos presidenciales que le interesan, señora.

Según confesó *Fraulein* Dickmann años después de ocurridos estos incidentes, Jeftanovic le habría aplicado en la ocasión la siguiente frase cuyo sentido ella declara haber entendido tan bien, que sólo depuso este informe tras los funerales del almirante Jeftanovic diez años después:

«Me imagino que usted, consciente de su belleza, *Fraulein*, reconocerá que la armonía de su magnífico cuerpo se origina fundamentalmente en la unión de su cabeza con las yugulares. Sería altamente melancólico para usted y sus admiradores, que ambas piezas quedaran desarticuladas en su estética por una infidencia suya.»

Fraulein Dickmann perdió de súbito el tono cobrizo que había

28

ganado en la primera etapa de su veraneo malicioso; sus exquisitas y sensuales pecas parecieron oxidarse de una plumada, y se apartó de esa, y toda otra investigación posterior, con una pragmática palabra germana: *Verstehe.**

Este suceso tuvo para la psicología de los rebeldes de la isla un valor ejemplar. En la segunda gran rebelión contra el centralismo metropolitano, el encargado de plantear las reivindicaciones fue José East, un sastre hebreo avecindado en Gema por falta de codicia y erudición en anarquismo, y además excitable merodeador de Marta Matarasso, a quien quiso impresionar con un folleto de treinta páginas, publicado en tres ediciones de *La República*, sobre el sentido libertario de los Viejos Testamentos.

En el puerto principal del continente lo recibió el mero y mismo ministro de Tierras y Colonización, quien en vez de otorgarle uno o dos pergaminos, le dio un cheque en blanco con su firma y un abono al burdel Gudiza, templo donde East proclamó con amoroso empuje su energía sexual y las ideas revolucionarias de las escrituras entre las arrobadas discípulas, quienes le dieron una despedida de maharajá cuando un mes más tarde comprobaron que el cheque sí tenía fondos.

Con sabiduría ancestral East se abstuvo de volver a Gema y sus camaradas anarquistas escribieron en *La República* un artículo sobre el tema que consistía sólo de un título: «East se quedó en el West.»

* Comprendo.

2

La aureola profética de East excomulgada del horizonte, hizo sentir a Stamos Marinakis, el primer dueño del almacén El Europeo, que el candidato más estridente en cortejar a Marta Matarasso se había autoexcluido del papel de potencial novio, y procedió a exhibir ante la bellísima doncella sus virtudes económicas y sus atributos físicos. Las primeras eran evidentes. Nadie en el Adriático, piratas incluidos, podía competir con su fortuna. Tulipanes holandeses, orfebrería de la Costa de Marfil, esmeraldas brasileras, chocolates vieneses, caviar iraní, zapatos italianos, fonógrafos RCA Victor La Voz de su Amo, fueron algunos bocadillos con los cuales despobló el potrero de aspirantes, consiguiendo desplazar bajo la humillación de la riqueza a media docena de ellos.

Tocante a los atributos corporales, no se puede negar que a la sazón Stamos Marinakis cultivaba un cabello con flecos sobre la frente que le daban un tierno aspecto de propaganda láctea para bebés, y que ocultaban de maravilla las profundidades de su apetito. Un botón de muestra del que fue inventor el propio alcalde de Gema, ciudadano de alma gentil y estilo epistolar lacrimógeno que salvaría de su soledad veinte años después a Jerónimo Franck, es aquél de la competencia en el arte de deglutir ostras, donde Stamos no contento con haberle hecho el servicio a ciento veinte piezas, procedió a comerse la última unidad de la bandeja con concha y todo. Sus dientes «tremolaron» según un artículo de *Mar y Futuro*, pero animado de una ferocidad jactanciosa «succionó la pétrea cobertura del molusco dejando pálidos a sus rivales».

Desde entonces, los isleños lo apodaron cariñosamente *el Abrelatas*. Vestido cual gladiador romano, camisas de petos alborozados con incrustaciones de filigranas y una humita de terciopelo que sabía levantar con gracia su nuez de Adán, Stamos se presentó ante Marta Matarasso como un ser solar y prepotente, un empresario griego a quien la fatalidad había puesto a cargo de un «inmundo boliche» y cuyo único consuelo en esta tierra sería que la bella colmada de virtudes y regalos aceptara casarse con él y fundar una familia que diera progreso y gloria a la isla de nuestros ancestros.

En términos prácticos, le explicaron sus tías a la bella huérfana, le estaban ofreciendo ser la Reina de Costas de Malicia y le recomendaron evitar remilgos pues los trenes expresos se detienen sólo una vez en la estación y después no vuelven.

Tanto sus pragmáticas tías, «que habían hecho grandes sacrificios para mantenerla», como los vecinos deseosos de asistir a la boda del siglo, hicieron oídos necios a la información que Mote Vranicic, oficial de presupuesto de la Escuela Rural Ade Faride, había puesto en circulación la misma noche que el Gema Express empatara a dos goles con el Turín de Italia, gracias a que Tadeo Moulian atajó un penal en el minuto ochenta y cinco al elenco visitante.

El match había sido tan intenso que a pesar de los barriles de cerveza vertidos a la vejiga nadie se animó a visitar los sanitarios y cuando el árbitro estableció el pitazo final los hinchas desbocados se precipitaron a los urinarios prácticamente corriendo con el miembro al aire. Mote Vranicic, al igual que el resto de los espectadores, no tenía otro deseo que deponer y cerró los ojos frente a la muralla carcomida de orines disfrutando de la dicha elemental de la evacuación. Ya a medio camino, y bajo los efectos de la urgencia superada, levantó los párpados sólo para descubrir al Abrelatas, que con los ojos velados y en posición de éxtasis, lanzaba un chorro turbulento y eterno. No la mariconería, sino la simple curiosidad, llevó la vista del Mote de la cascada al órgano que lo emitía, y al ver su largura y grosor, sintió que el resto del líquido se le aconchaba en la garganta. Con esa herramienta, filosofó, Stamos Marinakis sería capaz de partir en dos no sólo a una ostra sino también un tanque.

Esa misma noche pudo comentar el incidente. El empate con un equipo de tantos pergaminos trajo a los isleños a la gloria y a los hinchas del Gema a las tabernas, donde una ronda de slíbovitz aliñada con cerveza llevó al Mote a contar lo que acababa de ver con sus propios ojos y su lengua realista mágica. Para subrayar sus frases se cubría los párpados con las dos manos y movía la cabeza cual si quisiera desprenderse de una pesadilla. Los parroquianos retuvieron este dato, y si bien al comienzo atribuyeron el informe a una alucinación del oficial de presupuestos, no pudieron evitar en los días siguientes matizar sus adquisiciones en el almacén El Europeo con subrepticios pestañeos a la bragueta de Stamos.

En un pueblo sencillo y tradicional, los matrimonios bien constituidos aconsejaron a sus hijas no meterse nunca con el almacenero, y algunos estimaron de cordura liberal extender la recomendación a sus hijos varones.

«Mera envidia», determinaron con más voluntad que convencimiento las tías de Marta Matarasso. Si otros ciudadanos tuvieran la ocasión de que Stamos y su fortuna merodeara sus hembras, no les importaría que el hombre fuera un dromedario. De modo que cuando el hombre vino en plan más formal a pedir la mano de la hija, le dieron el sí a dúo y al unísono.

El dueño del almacén brindó de variadas maneras con las tías de la belleza, bebiendo el slíbovitz a gotas, y dando vuelta a veces la cabeza hacia la muchacha quien lo miraba fijo con la persistencia de una foto de calendario. Los colores del alcohol asomaron a las mejillas de las mujeres, momento del cual se prendió con delicadeza el pretendiente para solicitar autorización de retirarse algunos minutos a la terraza con la novia. Bajo el pálido toldo celeste de la modesta casa, Marta Matarasso lució tan naturalmente seductora que parecía una reina a quien visitaba un simple fogonero. Había algo intrínsecamente pálido en su cutis que la diferenciaba de las mancebas rurales cuyos rostros y narices parecían haber sido talladas a martillazos por el sol. Stamos anticipó imprudente cómo sabrían esos labios de mármol cuando él los animara con su robusta lengua de fuego.

Mojándose con ella la parte inferior de su mostacho, miró humilde a la chica.

—Quiero decirte que nunca en la vida te obligaré a nada. Y menos a casarte conmigo si no lo deseas.

Ella lo miró con la curiosidad que un niño sigue los desplazamientos de un ciempiés.

—Yo deseo casarme contigo.

—¿Me encuentras atractivo?

La muchacha asintió con una sonrisa.

—Eres corpulento, tienes unos dientes bulliciosos, y una sonrisa burlona. Además está la plata.

Stamos creyó tragar medio litro de saliva antes de tomar agradecido la nívea muñeca izquierda de la chica.

—Tú sabes que se dicen cosas de mí —agregó el hombre cabizbajo y moviendo la punta de sus mocasines—. No quisiera omitir el tema.

—Algo he oído —dijo ella, con la vista fija en el mar—. Pero la gente dice tantas cosas.

El hombre carraspeó:

—Algo... Algo de lo que dice la gente es verdad.

—Cuánto... ¿Cuánto del algo que dice la gente es verdad?

Stamos arrastró con suavidad la mano de su prometida hasta la bragueta e hizo que la chica se formara una clara idea de su topografía.

—¡Cónchale! —exclamó la niña, mordiéndose la uña del índice de su mano libre. Luego trajo la mano santificada por la ciencia, la unió con la otra, y sobre ambas posó la frente como en un rezo.

—Lo siento —dijo Stamos emocionado por la turbación de la chiquilla—. No es necesario que se celebre la boda.

Marta Matarasso deshizo su pose y se tocó los lóbulos de sus orejas como para calmar el ardor.

—La boda no es el problema —arrastró lento las palabras mientras miraba al hombre con aire grave. En un destello se acordó que Stamos había comenzado su éxito comercial entre los nativos vendiendo sus mercancías a plazo. Asomando la punta de la lengua entre sus dos dientes centrales sonrió hasta que los ojos se le achinaron y dijo—: ¿No me lo podrías entregar en cómodas cuotas mensuales?

3

VEINTE AÑOS DESPUÉS

Los ajetreos nupciales de Jerónimo y Alia Emar ocuparon gran parte de las lenguas y pronósticos de los isleños y hubieran seguido en los alborotos de la frivolidad y la perfidia, si cinco días antes de la ceremonia nupcial, desde la torre de la iglesia, donde el sacristán y sus adolescentes acólitos disponían velos festivos y banderas papales, Reino Coppeta, hijo del descabezado héroe anarquista, no hubiera percibido con vista de gerifalte e instinto político una extraña barcaza que se aproximaba a la costa, rodeándola al más clásico y sibilino estilo Jericó.

No se le escapó que a babor y estribor cargaba cañones y aunque no discernió ningún atuendo, supo que esos eran los soldados del imperio austrohúngaro que venían a reclutar a los jóvenes isleños o a degollar a los desertores.

El primer cabildeo sobre el asunto tuvo lugar en las alturas eclesiásticas y una rápida encuesta le reveló a Reino que el terror a los militares hacía que al grupo de católicos a su alrededor no les pareciera despreciable la idea de entregarse y vestir botones dorados, sable, guerrera de figurín y salario de empleado fiscal. Los bastardos, rumió el hijo del prócer, preferían calzar botas de campaña antes que enfrentar como desertores al cadalso.

Encabritado por la sangre Coppeta que ahora le hervía sólo en la cabeza, perdió su suave hablar, llamó al sacristán y secuaces «pendejos» y con un salto desde el púlpito corrió hacia la calle empolvada a reclutar milicias entre los pescadores y ordeñadores de vid. Éstos no habían usado cuchillos más que para perforar piures y usar su carne ensartándola en un gancho de fierro, y así tentar a los pulpos en los roqueríos.

Cualquier tipo de arma cortante se avenía al caso, precisó Reino, cuando los pescadores le mostraron los cuchillos oxidados de tanto rajar jugosos moluscos en los arrecifes. Y con piadosa doctorancia les precisó que el filo de la punta alcanzaría para horadar el corazón de los austríacos y que el moho de los fierros no debería preocuparles pues era improbable que después de muertos los cadáveres contrajeran tétano.

Mientras el impulsivo Reino sublevaba isleños con sus arengas, Esteban Coppeta, su hermano menor, había entrado al Gran Almacén Europeo para conseguir dos unidades de tabaco gracias al capital devenido de un calamar patidifuso que había pescado y rebanado para la cena de una viuda con precisión quirúrgica. Su modesta entrada al establecimiento fue mucho menos épica que su ingreso en otros espacios, mas sólo porque el local estaba momentáneamente vacío. Lo cierto es que Esteban poseía unos ojos azules de tal profundidad y grosor que parecían fraguados en cobalto y desestabilizaban el equilibrio de cualquier persona que se le pusiera por delante. Así, consciente del magnetismo de su mirada, dejaba caer modesto los párpados para ahorrarle al mundo los trabajos del deslumbramiento.

Si Reino era eléctrico y electrizante, Esteban tenía pese a sus veinte años la calma de un lago. Consecuente con esta imagen tendía a proclamar que la vida daba sus notas más fulgurantes donde uno estaba, y que todo desplazamiento era inútil. Una caminata a la plaza le parecía un ultraje al orden natural. Un viaje a Nueva York, como seguían proyectando los muchachos en el muelle, lo impresionaba como el mayor de los desatinos. Eso explica que una vez adquirida la cajetilla de cigarrillos, se sentara en una plácida butaca de El Europeo a sorberla con el deleite que lo haría un condenado a muerte antes de su inminente ejecución. Parte de su filosofía era procurar que todo momento fuera tan pleno que no hubiera nunca necesidad de plantearse cuál era el sentido de la vida. «No me queda cabeza para pensarlo», le espetó en cierta ocasión a un cagatintas libresco y pedante que más tarde le arruinaría la bilis con artículos en *La República*.

En medio de tal agotador ajetreo, ocurrió algo que Esteban confiesa haber olvidado. Hay quienes opinan que por razones de estilo, del Alzheimer, o por la conveniencia que aconseja no volver a la realidad cuando ya se ha hecho leyenda. El hecho es que Alia Emar surgió de los aposentos del almacén envuelta en una hojarasca de tules blancos seguida de dos modistas francesas que le sujetaban la tela al cuerpo con largos alfileres de cabezas amarillas. La condujeron hasta el espejo, frente al cual, ignorante de la presencia del muchacho, la chica procedió a palpar la delicia de su escote para ver si el armado se los moldeaba con la insinuación precisa, y extendió con las palmas las voladeras de tul que se extendieron hasta los propios pies del cliente, quién según su costumbre echaba una voluta de humo antes de aspirar a fondo el tabaco.

Sólo cuando la novia quiso comprobar si su toca abrumada por un kilo de perlas y mostacillas, que había dispuesto en níveas flores su propia madre, alcanzaría a sostenerse sobre el ceremonioso peinado francés que consideraba una elevación de su cabello castaño para darle más dignidad altura y alcurnia a su formato campesino, pudo descubrir al intruso, quien con ese gran talento para ausentarse, contemplaba el espectáculo cual si hubiera entrado al cine por verlo.

Alia Emar estuvo a punto de chillar un reproche, pero aun a través de la vía indirecta del azogado vidrio, supo sentir otra vez el vértigo de esos ojos cobalto a pesar de la sonriente serenidad con que éstos la observaban.

De lo que se dijo en ese instante hay varias versiones: se descarta la de Esteban, porque su laconismo cuando le preguntan por el asunto lo llevaba a mover el cuello con tortícolis diplomática, sin aceptar ni negar. La de las modistas francesas que llenaron la prensa con expresiones lujuriosas y maupassianas, amén de castañuelas bizetianas, puede ser descartada porque ignoraban meticulosamente el lenguaje isleño. Sólo puede aceptarse como históricamente fidedigno el informe de la novia, corpus verbal herido, sin embargo, por el inconveniente de la subjetividad, y, literalmente, el de la leyenda.

La prometida de Jerónimo se vuelca con violencia hacia Esteban, quien evita pestañear para que la vía de las almas quede libre. Al advertir la mujer que la visión no mediatizada por el azogue del espejo de esos ojos abismales la turba hasta consumirle la sangre que irriga su cerebro sólo atina a la siguiente frase:

—¿Qué haces, aquí, pendejo?

Sonriente, Esteban muestra el cigarrillo que fuma con ritmo inalterable y expulsa un vaho de humo con la prestancia de un sultán. Luego replica:

—Ya lo ves. Fumando un puchito.

–¿Y hasta cuándo?

–Me queda un resto.

Alia Emar aprieta un pálido puño y lo hace vibrar junto a su mejilla pálida que ahora mismo enrojece cual si hubiera probado un vino violento.

–¿No sabes, infeliz, que da desgracia cuando un hombre mira a la novia en su túnica de bodas antes de casarse?

–No si ese hombre es el novio –sonríe Esteban Coppeta acariciándose el bozo cual si ya poseyera el frondoso mostacho que pensaba dejarse crecer algún día.

–Pero sucede que mi novio es Jerónimo Franck y que el matrimonio tendrá lugar el sábado por la noche.

El muchacho se pone de pie, y sin hallar dónde tirar el cabo del cigarrillo, lo apaga en la palma de una mano y se lo mete en el bolsillo del pantalón.

–Así como estás no esperaría hasta el sábado y me casaría contigo ahora mismo.

La novia decide avanzar para propinarle un puñetazo en la nariz, mas algo infinitamente alegre en las cascadas cobalto al fondo de los ojos del intruso la detiene, y desliza una filuda sonrisa por sus labios gruesos.

–¿Y con qué dinero me mantendrías llegado el caso?

Esteban muele el resto del tabaco en su bolsillo y con la mano libre se rasca la frente.

–Ésa sería prácticamente la única pregunta para la que no tengo respuesta.

–Saber la respuesta a esa pregunta es lo que diferencia a un hombre de un niño.

Las costureras le hacen gestos al joven ahuyentándolo, y éste abandona el almacén con la vista gacha, cual un perro reprendido por su amo. En cuanto desaparece del local, la modista hace girar a la joven hacia el espejo y percibe con espanto cómo los laboriosos alfileres que comprimían su busto se desprenden de la tela víctima de la súbita turbulencia de las tetas de Alia Emar que se ponen tan duras cual los puños con que cubre sus ojos llenos de lágrimas.

—Agua —alcanza a decir antes de desmayarse.

4

Haber contagiado su fiebre a los com-
plotados parecía causarle un alivio
casi místico. Llegó con su nariz altiva, cual si olfateara gloria en el aire,
y saludó a Esteban punzándole el índice en el ombligo.

—¿Qué tal, Baby?

El joven depuso suavemente sus párpados y se deleitó con la repen-
tina brisa que venía a calmarle la frente. Con los ojos cerrados, dijo:

—No me llames, Baby, ¿quieres?

—¿Por qué no?

—Porque es una palabra para niños.

—No, ¡qué va hombre! Es una palabra inglesa.

—¿Y qué más sabes decir en inglés?

—*One dollar mister, please.*

—¿Y qué más?

—*Fuck you.*

Esteban cruzó los diez dedos de sus manos y los hizo crujir
antes de estirarse en un bostezo.

—Sigo enamorado de Alia Emar —concluyó.

—No eres el único.

—Pero va a casarse el sábado con don Jerónimo.

—Lo hace por la plata.

—El viejo Jerónimo no tardará en morir. Entonces me haré cargo de la viuda.

—El viejo Jerónimo tiene cincuenta años. Si con suerte muere a los ochenta, te dejará de herencia a Alia Emar con tiernas cincuenta primaveras.

—Entonces seré su amante.

—Hermano, no tendrás tiempo para eso. Los austríacos te pondrán mañana casco y uniforme y morirás en Egipto destripado por algún sarraceno.

Esteban calzó la isla con la mirada de un profesional, y con la amplitud de quien contemplara un continente.

—A mí no me van a agarrar.

—¿Cómo vas a lograrlo?

—Huiré.

—¿Adónde?

—A donde sea.

—A donde sea. Ése es un excelente lugar.

Con su sentencia concluyente echó a caminar hacia el bar. El sol tendría que mitigarse durante muchas horas hasta que las sombras se establecieran en la isla, y entonces se probaría si la estrategia diseñada era correcta. El piquete de soldados austríacos evitaría atracar en el puerto para no dar tiempo a la estampida de los eventuales reclutas. Lo más seguro es que hicieran pie en el Morro del Puerco, única caleta conocida por los extranjeros. Desde allí correrían rápido por las filas donde rompe la espuma del mar y, en menos de diez minutos, entrarían a los bares capturando a los jóvenes borrachos y degollando didácticamente a quienes ofrecieran rebeldía.

Esteban se le unió de una carrera. Sin mirarlo, el hermano mayor mordió sus sílabas.

—¿Sabes lo que ocurrió con la mujer de Stamos Marinakis la misma noche de bodas?

—Lo he oído mil veces.

—Si Jerónimo heredó de él el almacén, quizá también haya recibido el don de matar a sus esposas. La sangre corrió hasta la playa.

—Reino, por Dios santo, la historia no se repite.

—Si no hubieras abandonado la escuela sabrías que esa frase no es cierta. La historia se repite sistemáticamente.

Esteban lo agarró del brazo.

—¿Qué te propones hacer?

—¿Yo?

—Tú y los muchachos. Tenían más cuchillos en las manos que mugre en las rodillas.

—No te conviene saberlo.

—¿Por qué no?

—Se trata de una cosa de hombres, Baby.

—Los muchachos se veían calientes. Tú te ves de lo más tranquilo. ¿Qué va a pasar, hermano?

—Les vamos a hacer una emboscada en el peñón de Santa Marta. Allí la distancia entre el mar y la playa es tan angosta, que no tendrán tiempo de hacer puntería con los arcabuces. Saltaremos de las sombras y les rajaremos directamente el corazón para que no sufran.

Esteban agarró el cuello de su hermano y haciendo palanca con el codo lo apretó hasta que no pudo tragar más aire.

—No vas a hacer nada de eso, Reino.

Un minuto tardó en recuperar el aliento y un segundo en tirar un violento salivazo a los pies de su agresor.

—¿Te dio miedo, Baby?

—Soy tu hermano menor, y tengo que cuidarte.

—Pero no parecemos de la misma familia: a mí me corre sangre en las arterias, a ti horchata.

—Alguien en la familia tiene que usar la cabeza. Los austríacos son un ejército, no una banda de pandilleros. Nos masacrarán.

—Pero no tienen derecho a meternos en esa mierda de uniforme para que nos degüelle después algún enemigo que ni siquiera conocemos.

—Lo único que te digo es que son un regimiento con carabinas y cañones y no un club de mariscadores que abren almejas en las rocas.

Reino se acarició la garganta y miró desafiante al horizonte. Nada en ese lugar le parecía ajeno. Estaba íntimamente hecho de esa tierra y ese mar.

—Por ahí nos vemos —dijo despidiéndose.

Esteban lo retuvo con un suave abrazo que el otro no rechazó. El muchacho tenía una extraña confianza en el vigor persuasivo de sus gestos, en la inteligencia de sus silencios, y sobre todo, en la hondura de su mirada. Le quitó sorpresivamente el puñal del cinto.

—Para mayor seguridad —agregó susurrando— me quedo con tu cuchillo.

El joven aceptó esa caricia fraternal y él mismo completó el gesto de ternura abrazándolo con afecto. Así caminaron hasta el toldo del bar. Bajo su sombra, Reino se secó la transpiración, y puso por segunda vez en el día el índice en el ombligo de su hermano.

—Quédate con el cuchillo, Baby. Total tengo varios.

5

En la noche, ocho de los mocetones juramentados se dieron tiempo para transportar el Steinway desde los salones de don Jerónimo hacia la confitería Lucerna, donde tendría lugar la primera función de cine de la isla. Era uno de los múltiples regalos con los que el dueño del almacén El Europeo quería mostrarse agradecido a los isleños por haber entrado en el camino de la cordura y aceptar que esposara a la más bella de sus hijas, después de que veinte años atrás el antiguo propietario de la tienda llenara de estigma y superstición el negocio cuando su noche de bodas con la virginal y pálida Marta Matarasso culminara en la crónica roja de *La República* con el título de «Sangre en la luna». Los exegetas de Agram, expertos en metaforones, no tardaron en desentrañar la alusión al níveo satélite de La Tierra en el artículo: era la sábana de la pureza.

Jerónimo hubiera preferido una descripción fría, detallada, e imparcial de lo que ocurrió en esa noche de tragedia antes que la diarrea lírica de mitificantes exegetas que con sus suciedades habían influido en las supersticiones del pueblo manteniéndolo a él durante una década en cuarentena sentimental, hasta este año feliz de la tregua y acaso el armisticio.

Consciente del dolor que la ceremonia carnal entre Stamos y Marta había provocado en el pueblo, Jerónimo se refugió en una mudez altiva cuando le tocaban el tema, una actitud muy propicia para tratar con los maliciosos, sumisos y cordiales en su cercanía, pero capaces de descuerarlo en la plaza.

Con todo, Jerónimo cometió un error táctico, cuando abrumado por el cerco del silencio y la velocidad con que las madres huían de su tienda arrastrando a las chicas casamenteras, como si él fuera Stamos y no el culto escéptico de Salzburgo crecido en la delicadeza de lecturas, entró en la iglesia a entregarle al sacerdote alemán Franz Pregel una confesión urgente.

El hecho de hablar con el cura una lengua común deliciosamente contaminada de expresiones maliciosas y arcaísmos, hizo que Jerónimo se sintiera amparado en la figura de ese hombre de Dios y no puso trabas para que su corazón herido se desbordara en el íntimo horno del confesionario. El dulce padre le fue alentando a que agotara todo su resentimiento e información y se comprometió a hacerle relaciones públicas en Gema que le permitirían revivir.

Cuando el comerciante austríaco tuvo una vacilación y se sumergió en un silencio obstinado, el padre le juró que podría contar con toda la confidencialidad del caso que la casa de Dios le garantizaba, amén del propio temperamento del confesor quien se definió como parco y taciturno.

En la ternura de esta intimidad, y en el apogeo de su emoción, Jerónimo dijo con voz grave, que haciendo el inventario de las mercaderías abandonadas por Marinakis cuando emigró a China, había encontrado el diario de vida de éste, que contenía, dése usted cuenta, padre, la versión de su fatídica noche nupcial. Un documento así, padre Pregel, en manos del cagatintas del periódico *La Repú-*

blica se prestaría para un festín de infamias y para reverdecer las heridas, atentando así contra su moral y legítimo deseo de contraer matrimonio con una nativa sin que le cargaran atrabiliariamente el cadáver de Marta Matarasso.

El sacerdote le preguntó dónde estaba ese valioso diario de vida, y Jerónimo procedió a sacarlo de su alforja y ponerlo en manos del santo hombre. Éste lo recibió con gravedad, y casi con modestia, lo ocultó entre los pliegues de su túnica granate.

—Me imagino que usted le habrá echado una mirada.

—Lo leí de punta a cabo varias veces.

—¿Y qué me dice?

—El estilo es muy propio de alguien que en una aldea tan poco sofisticada fuera bautizado como *el Abrelatas,* pero quizá por la situación en que yo mismo me hallo no puedo dejar de leer, sin llorar, las dos páginas finales.

—¿Qué dicen, hombre?

—«Marta fue feliz. Inmensamente feliz.»

—Una información que ciertamente reconfortará a sus deudos. ¿Y cómo termina el librito?

—Lo sé de memoria, padre. «Mi vida carece ahora de sentido. Si alguna vez acumular bienes materiales me obsesionó, ahora ni siquiera la posesión de una ciruela me interesaría. Tampoco estas páginas significan nada. Las escribí para Marta, y sin su destinataria les falta todo valor. Lo natural sería quemar este diario pero el desgano me consume. Que quede aquí entre tantos otros escombros del basural que fue mi vida.»

El sacerdote caminó hasta la repisa y llenó dos dedales de vino dulce. Le trajo su vaso al visitante y con su mano libre le tocó el hombro.

—Está llorando, don Jerónimo.

Éste se limpió la cara con el dorso de la mano y luego la bajó hasta el corazón.

—Pienso en qué haría si algo así le ocurriera a mi Alia Emar.

—No caiga usted también en supercherías, buen amigo. Arriba ese ánimo que todo el pueblo espera la boda del siglo.

De improviso, con brusquedad y ruido incompatibles con el tono del diálogo hasta el momento, Jerónimo se dejó caer abrazando tenazmente las rodillas del sacerdote.

—Dígame una cosa, padre, ¿Alia Emar me ama?

—Por cierto que sí, hijo. Levántate.

El hombre frotó con desesperación la frente sobre la sotana del cura.

—¿Cómo lo sabe?

—Todo el mundo lo sabe. Van a casarse.

—¡Todo el mundo es nadie! ¡Es usted quien me interesa! ¡A usted tiene que haberle dicho la verdad en el confesionario!

Desprendiéndose de ese inusual abrazo, volvió a la repisa y se sirvió esta vez una dosis para él solo.

—Jamás hemos hablado del tema. Y si alguna vez hubiera dicho la más mínima palabra sobre usted, no la repetiría. El secreto de la confesión guía la conducta de esta casa de Dios. Todo lo que usted me dijo aquí, ha sido depositado en mi corazón, y para todo el mundo mi boca será una tumba.

El dueño de El Europeo se puso de pie sin ánimo para sacudirse las rodillas del pantalón.

—Cuide con el mismo secreto del diario de Stamos Marinakis.

—No se preocupe, don Jerónimo.

—Es el último respeto que le debemos a ese hombre desdichado.

—Dios lo asista doquiera que él esté.

Esa noche, buscando la compañía de Dios en la naturaleza, Jerónimo no durmió y estuvo cazando asteroides en el cielo estrellado. Tendido en la playa fijó la vista en la luna y allí le pareció que a veces sus figuras sugerían el rostro de una joven muerta. Prestó atención a los chapoteos de los peces nocturnos y su mirada se detuvo en fogatas encendidas en una isla vecina. La conversación con el sacerdote había transformado su duda en una angustia de la cual sólo la boda podía arrancarle.

De madrugada, cuando borracho de mar y luna subió el camino empedrado hasta su casa seguido por el prepotente canto de un gallo, le reventó en los ojos un *graffiti* que cubría todo el ancho del muro izquierdo de su tienda: «Stamos Marinakis, fanfarrón.»

En vez de derribar a puñetazos la puerta del templo del cura infidente, abrumado por las traiciones y tragedias, puso sus labios sobre una estatuilla de la Virgen María, y untando sus labios en un humilde yeso que simulaba un tul celestial, rezó fervoroso a Dios pidiendo que le diera ánimo para perdonar las ofensas que recibía hasta de sus propios pastores. Sin que ocurriera nada revelador, al abrir otra vez los ojos su vista fue capturada por un dibujo de Nueva York sobre su lecho. En la cima del rascacielos más alto del universo asomaba una mano haciendo un gesto de invitación a la urbe. En su depresivo estado, el hombre quiso sostener que esa era la señal que el cielo le ofrecía. Aquella imagen encendía su mente y lo llevaba a comprender que no había ninguna razón para permanecer esposado a Gema, esa pequeña galera de galeotes feroces y xenófobos. Se casaría con Alia Emar poniendo punto final a ese orzuelo purulento en el sur de Europa, aquel terruño infinitamente ignorado en el Nuevo Mundo, y definitivamente esa nada total y absoluta comparada con la galaxia.

6

El sábado sería la boda, el domingo zarparía con su amada hacia el puerto italiano más próximo, y si la nave que construía desde hacía meses Bizzarro era lo que el hábil napolitano había prometido, seguiría con ella hasta Nueva York sin temer a las montañas de icebergs del Atlántico.

Una inquietud tan inexplicable cual apremiante lo condujo hasta el astillero. Los obreros se esmeraban con alentador entusiasmo en las terminaciones de la nave, y Jerónimo abordó sin preámbulos al ingeniero italiano con la tajante pregunta de si, según su experiencia y docta opinión, el barco de fragorosa madera y amplia quilla que acababa de concluir, podría en verdad tocar las costas del Nuevo Mundo. Bizzarro había hecho una apuesta con su maestro de los astilleros de Kopenhaven jactándose de que proporcionados materiales de óptima clase, sabría concluir un barco capaz de llegar hasta Venecia tras dos noches de navegación. En la pausa que el napolitano se fabricó antes de responder pudo escuchar tan fuerte los latidos del corazón de Jerónimo que decidió que su respuesta debería contener una consigna prudente y positiva.

—Con esta barca, *signore,* podría llegar desde aquí hasta Venecia y allí coger un trasatlántico hasta Nueva York.

—¿Podría, profesor Bizzarro, meter dentro del trasatlántico mi nave?

El hábil napolitano parpadeó, recurso que casi siempre le permitía hacer de lo insoluble algo potable. Luego, carraspeando, y consciente que el sábado era la boda y que por lo tanto el sueldo del maestro astillero vendría damnificado con un suculento aguinaldo, dijo con prestancia:

—En teoría es posible.

Y antes que el millonario le preguntase según reza el lugar común, «¿y en la práctica?», le disparó a quemarropa si ya había leído en *La República* de esa madrugada el *magnífico* poema dedicado por «Anónimo» a su prometida Alia Emar. Temiendo que la lírica estuviese al mismo nivel del brutal *graffiti* contra Stamos, conminó a Bizzarro a que le recitase sin más dilaciones los versos que lo habían fascinado.

—Soy incapaz, *signore,* de repetir las luminosas estrofas. Pero tras la evacuación matinal colgué en el gancho del retrete la edición de hoy. Si usted quiere aliviarse, lo conduzco hasta el baño, donde podrá apreciar de paso que fue concluido de todo lujo, incluido espejos alemanes y madera de mañío.

Jerónimo sintió que una circunstancial y providencial diarrea lo acosaba y casi agónico, apoyado en un hombro del italiano, fue hasta el excusado. Cerró con un suspiro el pestillo, y bajándose deprisa los pantalones arrebató del gancho *La República,* y sin tardanza puso su atención en el suplemento literario.

«Alia Emar»

Alia Emar dice tu nombre.
Más «a la mar» quiero llamarte.
Una fuga encendida te robe
con pasión, gracia, y arte.

Naciste bella y espontánea
con la suavidad de una nube.
Creciste altiva y sabia
como un alerce que sube.

Hoy la dicha es de otro
tu cuerpo va al himeneo.
Serás el manjar del ogro
y el dolor de tu efebo.

Venga del cielo la tormenta
que tu destino trastoque.
Una mirada azul piedra
llora cobalto en el bosque.

Antes de dejarse alarmar por esos versos de rapiña, verificó los
datos que lo ayudaran a la pesquisa: el creador de esa magra mate-
ria no hacía gala sino de dos atributos, a saber, que era joven (léase
«efebo») y que tenía ojos azules (lloraría «cobalto» en el bosque). Que
estuviera concertado con su prometida para fugarse antes de la boda
era improbable, pues el rapsoda se mostraba más etéreo que prácti-
co. La eventual fuga existiría «si el cielo lo quiere», es decir que de-

legaba el trabajo práctico en Nuestro Señor, jerarca con muchas tareas urgentes para ocuparse de las masturbatorias oraciones de un menguado lirófono.

Que la eventual fuga no era más que retórica barata lo probaban otros dos datos del liricida. Daba por inevitable la noche nupcial con su rival en esa afirmación totalmente apodíctica: «serás el manjar del ogro y el dolor de tu efebo». Es decir, que salvo un milagro, el malogrado poeta no tendría otro consuelo para mitigar su pena que oír en el bosque como chirriarían los resortes nupciales de la novia impregnada de lujuria cuando su viril esposo la galopara camino al cielo. («Dios mío —se corrigió—, no me tomes este argumento al pie de la letra.»)

El segundo dato no precisaba un sabueso; los versos habían sido dados a la prensa y ningún preso que quisiera fugarse le mandaría un comunicado previo al alcaide contándole su futura hazaña. El internacional «perro que ladra» venía aquí de perillas.

Conclusión, nada para afligirse. Con entusiasmo puso la hoja con el poema dentro de la taza de porcelana austríaca, se refregó con ella el culo, y tras frotar cada milímetro de sus nalgas con los restos mortales de la abúlica rapsodia, se puso de pie, le propinó un impulso a la manilla de mampostería española, y escudriñó como la salina agua que brotó en cascada disolvía equilibradamente en un solo producto aguachento el texto y la mierda que desembocaron en el Adriático sin dejar mácula en la loza.

7

Consta en la filmación del salón Lucerna que sobre una silla con respaldo, estaba Alia Emar, deslizada en un atuendo de cítrica seda amarilla, tan arteramente dispuesto, que más que cubrir senos, cintura y nalgas, parecía su misión revivir los sueños de dos generaciones de hombres, que se habían hecho adictos al contradictorio hábito de adorarla y de decirse que esa mujer no era para ellos. Su perfección no podría dilapidarse en ese islote de vides, aceite de oliva, cabras famélicas y vinos dulces.

Cuando Jerónimo inició su asedio a Antonio y Magdalena trayéndoles mercaderías de los barcos recién arribados, fantasiosos chalecos de raso brillante para el padre y fajas de tierna flexibilidad para la señora, los jóvenes sintieron el alivio de ver confirmado su fatalismo: era más terrible saberla inalcanzable para todos que concebirla amante de uno solo entre sus pares.

La foto muestra junto a Alia Emar a su progenitor Antonio, corte de pelo hecho a domicilio por un fígaro de tijeras cosmopolitas, terno azul de casimir inglés salpicado con finas hileras rojas de cuya pechera brotaba una serena corbata de seda, anular coronado por un anillo que la charlatanería calculaba en media libra de oro, y cigarro de tres centímetros de espesor bajo el imperial mostacho. En *La República* del día siguiente el conjunto era descrito piadosamente como «la caricatura de un millonario».

Su esposa Magdalena en cambio daba una lección de modestia: un sencillo vestido de raso amaranto, amplísimos zapatos de taco medio, collar de perlas verdes que se avenían de maravillas con sus ojos, y una pequeña boina negra tejida a bruñido crochet. De ella se desprendía hasta media frente la red de un velo que cubría con rigor histriónico las elocuencias de sus miradas.

En la misma fila, se ve a un puñado de gringaje perdonavidas descendidos del barco que trajo las vituallas nupciales, contándose chascarros en alemán e inglés que celebraban golpeándose las rodillas y secándose la transpiración con la manga de sus trajes y pañuelos untados de colonia.

Jerónimo aparece cerca del pianista húngaro Adam Policzer, avecindado ya hacía años en Costas de Malicia y reconocido en el archipiélago como un ser inmemorial sin geografía ni amígdalas, ajeno a esos conflictos ancestrales que solían terminar en degüellos. Él tocaba *Sobre las olas, La marcha nupcial,* el *Ave María,* en el rubro culto, cualquier pendejada de turumba en el área de los sonidos populares, y partía en el primer bote de madrugada contando el honorario y las propinas que le habían metido los bailarines beodos en su sombrero hongo.

Jerónimo no olvidaba guiñarle un ojo a su prometida e indicarle con un gesto de las cejas que se bajara un poco la falda sobre los muslos, pues su piel distraía demasiado la atención de los huéspedes.

Por último la imagen revela la abigarrada multitud sobre los bancos traídos de la iglesia, sin respaldo, que iba de la fila dos hasta la octava, todos los atuendos limpios y humildes, muy familiarizados con la madera donde se apretujaban durante la misa dominical.

De pie, cerca de la puerta, preso de una irritación, el reportero de *La República* disparaba miradas irónicas hacia el mecenas del acto y los escépticos espectadores quienes apostaban que las mentiras contenidas en el celuloide, que se anunciaban «como desesperantemente malas», serían pueriles trucos de magia para chiquilines.

Sólo él podía prever los escalofríos que transformarían a esa masa bárbara en eléctrica gelatina cuando al final de *The Great Train Robbery*, el actor George Barnes apuntase su revólver hacia el público y disparara. La compañía distribuidora lo había invitado especialmente hacía meses a la *première* del film en Agram, y aún esos seres relativamente contaminados por el aire cultural del continente, habían sufrido desmayos y taquicardias en algunas escenas.

Esa experiencia le había permitido en la edición dominical de su diario describir con ejemplar suspenso la historia del film e incluso subrayar algunos aspectos revolucionarios del séptimo arte, hablando de los encuadres, y celebrando las ocasiones en que Porter omitía las secuencias filmadas de frente, como en el teatro. Se explayó pedante sobre el episodio de la persecución a caballo de los ladrones, explicando lo que es una toma en profundidad a través del alejamiento o acercamiento relativo de los actores a la cámara. Le había gustado escribir este soliloquio, digno del *Times*, para los dulces recolectores de almendras en Gema a pesar de que no habrían entendido ni un pepino pues, para empezar, jamás habían visto cine. Malamente podrían entender las grandes innovaciones del director Porter.

Sin embargo estas vicisitudes lo inquietaban menos que el «encuadre» real a su alrededor: una veintena de jóvenes, con las faldas de la camisa artísticamente derramadas sobre sus braguetas, por algún motivo enigmático alteraban la disciplina ancestral de meterse las blusas dentro del pantalón. Se veían como monaguillos, mas la torva, casi sulfurosa mirada que esparcían, no les daba precisamente un toque angelical. El periodista Pavlovic acercó su olfato al que parecía más fogoso, Reino Coppeta, y le preguntó a quemarropa qué estaba pasando.

—Cine —dijo Reino.

—Para los corderos —subrayó Pavlovic—. ¿Pero para los lobos?

Extendió su mirada al conjunto de mocetones que hacían espaldas contra el muro del Lucerna y luego con su meñique le palpó a Reino el bulto metálico que se anunciaba bajo la camisa a la altura de la correa. Reino sonrió con ironía.

—No me diga, Pavlovic, que de un tiempo a esta parte usted se nos ha vuelto maricón.

—Llevo el periodismo en la sangre y aunque un día pierda un ojo por mi imprudencia voy a procurar siempre estar bien informado aunque a veces me basuree un matasietes como tú.

El joven pensó un momento sellando sus labios con el índice de la izquierda, fichó al reportero de una pestañeada y petrificó otra vez la sonrisa en su faz.

—¿Qué quiere saber?

—La carga.

—¿Qué específicamente?

—¿Puñales o pistolas?

Reino se tomó las manos y las sacudió con un gesto de mercader italiano.

—¿De adónde pistolas, caballero?

—Entonces «puñales».

—«Muy» tajantes.

El periodista esperó que el muchacho deshiciera su sonrisa y entonces, humedeciéndose los labios, cometió la pregunta (para su vida profesional) del siglo.

—¿Dónde, cuándo, quiénes?

Reino le dio la espalda y salió a tomar una bocanada de aire. Había oscurecido. Pavlovic miró la amplitud de la noche, y por un minuto dejó que sonara sólo la destellante rutina del mar.

—¿Reino?

—Es todo lo que puedo decirle.

En la sala se oyó los primeros acordes del húngaro probando el piano. Alguien apagó la luz y un chillido de excitación más natural que fingido puso en la punta del banco las posaderas de los vecinos. Pavlovic levantó los hombros, indiferente.

—Quizá hay algo que tu juventud no te permite entender aún. Existen los hechos y la historia. Los hechos si no se cuentan, si no hay alguien que los muestre, carecen de sentido. Para esto estamos los periodistas.

—¡Vamos! Si no hubiera hechos los periodistas no tendrían de qué escribir.

—En efecto, publicaríamos poemas. Y a propósito, si Jerónimo se entera de quién fue el autor del texto de hoy, va a producir un hecho que te va a causar un problema *histórico*.

—Era una poesía anónima.

—Tan anónima que el mismo autor me la entregó en mis manos.

Reino lo apartó de un empujón y luego revolvió la palma de la mano derecha en la faz.

—No sea chantajista, Pavlovic.

—No tengo nada en contra de tu hermano, salvo mi aversión por su estilo. Pero quiero contar la historia porque estoy con ustedes.

—¿Con quiénes?

—Con los que sea. No aguanto a los austríacos ni en Viena y menos en nuestro país.

—Con la edad que tiene no lo van a reclutar. ¿Qué teme?

—Hay cosas más grandes que uno, Reino. Por ejemplo, la patria.

El periodista enrojeció sintiendo que el rubor le electrizaba hasta el último cabello. Había dicho una frase tan falsa y cursi que le brotó la transpiración en la frente cual una súbita maleza. Miró hasta los confines del puerto, sin poder convencerse que ese territorio primitivo fuera su «patria». ¿Por qué le importaba un bledo ese peladero?

Jamás se imaginó que esa azucarada retórica tuviera efecto en el líder rebelde. Lo estaba mirando con los ojos brillantes y húmedos, y carraspeó antes del comunicado trascendental. Se lo susurró en el lóbulo.

—Antes que termine el film. Peñón de Santa Marta.

Pavlovic le golpeó con cariño la mejilla derecha.

—Ahora harás «patria» e «historia» —concluyó declamatorio.

8

Al comienzo de la función Reino se mantuvo de pie junto a los complotados tratando de ignorar el espectáculo con la reticencia provinciana de quien cree que la realidad se acaba donde termina su propio cuerpo. Pero a medida que el relato se hilvanaba mezclando escenas de masas con primeros planos de rostros de los actores, fue sucumbiendo en un hechizo tan magnético que se derribó en la punta del banco trasero junto a las beatas de Trono Alto, y contribuyó con su boca abierta al total de doscientas mandíbulas caídas que Pavlovic anotó en su libreta. Junto a la palabra «mandíbula», que le causaba deleite, se le ocurrió una línea para los titulares de mañana: «LA NOCHE DOBLE. *Disparos de fogueo en el cine, cuchillos de verdad en la playa.*»

En la pantalla, remecida por el exceso de trémolos del pianista húngaro, los asaltantes del tren obligaban a los viajeros a apearse, los desvalijaban y asesinaban a uno que quería escapar, acontecimiento que provocó un unánime grito de repudio en los espectadores, Reino Coppeta incluido.

Luego los bandidos suben a la locomotora con su botín y obligan al maquinista a ponerla en marcha y desaparecen en la lejanía. La máquina se detiene. Los bandidos descienden y se alejan rápidamente, cruzan un arroyo y la magnífica cámara muestra a los caballos que los esperan bajo los árboles. Los montan y arrancan al galope. Justo cuando la impunidad parece imponerse, la hija del telegrafista entra a la oficina, ve a su padre atado por los bandoleros, lo libra de las ligaduras y éste irrumpe en el salón del Far West a reclutar hombres. La fiesta termina. Los parroquianos montan en sus caballos y van tras la huella de los bandoleros, las escopetas a punto. En una colina arbolada se inicia un tiroteo entre los bandidos sobre sus corceles y los buenos en sus Colts. Los delincuentes son acorralados y tras una lucha desesperada los toman prisioneros. En ese momento, George Barnes, el jefe de los descastados, se da vuelta, apunta su revólver al público, y los isleños se ocultaron en el cine bajo los bancos. Reino Coppeta incluido.

El pianista golpeó con el puño tres veces más de lo necesario para enfatizar los balazos, y justo con esa *Heroica* a la Chaikovski los espectadores se animaron a levantarse, el maquinista encendió las luces, y una ovación premió al empresario Jerónimo Franck, portador por primera vez de ese film infartante a la isla.

Los aplausos fueron sostenidos y no declinaron su intensidad durante minutos. Tanto así, que Jerónimo le pidió a su prometida que agradeciera ella ese tributo cual si hubiera sido la heroína de la película. La muchacha se inclinó con tal elasticidad, que sus pechos amarillos bruñidos por la tela aumentaron la excitación de los parroquianos. Reino Coppeta incluido.

El muchacho fue consumido por una ausencia tan impecable que largo tiempo después que se esfumaran las imágenes, seguía imantado a la pantalla, y los fotogramas recorrían tenaces sus retinas. De pronto, cual si los pigmentos del film comenzaran a deshacerse en sus mejillas, rompió a llorar, con el estruendo y la batahola de un niño, derramando lágrimas incompatibles con su edad y viril temperamento. Los parroquianos vinieron en su auxilio con vasos de agua y pañuelos, y el joven los aceptó con la inanidad de quien ha visto fallecer a un familiar cercano y necesita la compasión y el calor de medio mundo. Le acariciaron el pelo, le reclinaron la cabeza en un almohadón, lo alentaron con una dosis de slíbovitz, y hasta la propia Alia Emar untó sus párpados con dedos bendecidos previamente por su deliciosa saliva.

Cuando tras tragar la copita de licor y respirar profundo, se dispuso a articular una expresión, sólo alcanzó a decir:

—Jamás… he… visto… nada… tan… bello… —antes de romper a llorar otra vez con ahogos y enrojecimientos alérgicos de la piel.

Mas de repente el inminente difunto brincó desde el piso con la misma energía de esos payasos de madera que saltan del resorte cuando se abre la caja de sorpresas, y buscó la presencia de sus camaradas del complot con la desesperación de un náufrago.

Extrajo el puñal, y aullando a la noche estrellada se puso a correr con él en ristre hacia la playa. La vergüenza de su deserción lo hizo jadear furioso, y el terror de haber metido a sus compatriotas en una emboscada que pudiera haber fracasado le hizo sangrar las narices. Mientras más corría, tanto más aumentaba su miedo de que los muchachos, sin sus órdenes tácticas, hubieran sido masacrados por las balas de los fusileros austríacos.

9

Desde el pedregal calcinado sobre la cantera, vio entonces a sus muchachos alrededor de una fogata, el tórax desnudo, las blancas camisas arrumadas sobre las piedras, y las pupilas fijas sobre los vaivenes de las llamas. Cuando saltó el par de metros para caer junto a la hoguera, los jóvenes apenas le concedieron una pestañeada y volvieron al tenaz fuego que los absorbía. Se acercó a Rolando, el único que a su juicio lo seguía en coraje y determinación, y le pidió que narrara lo ocurrido.

–Los matamos.

Ahora Reino pudo ver que cada uno de ellos tenía su puñal inserto en la arena junto a sus pies. Nadie le devolvió la mirada cuando los buscó uno a uno pidiendo sus ojos.

Desclavando el puñal de Rolando lo apretó del filo y la sangre fluyó de sus dedos. Se lo ofreció de vuelta, con el mentón altivo.

–Degüéllame.

Como concertados los jóvenes prestaron atención a la escena, mudos, metidos en ese especial silencio que difería tanto del bullicio pueril con que Reino los asociaba. Observaron la mano tendida que sangraba, el mango del arma ofrecida casi con ternura, y luego la impasible actitud de Rolando que en vez de cojerla se limpió con un brazo las narices y aspiró el resto de sus fluidos tragándolos. Recién entonces aceptó el cuchillo, sólo para clavarlo de vuelta en la arena.

Reino fue hasta la fogata y pateó las ramas en ascuas provocando un chisporroteo que alcanzó a algunos de sus secuaces.

—¿No me van a hablar, mierdas? ¿Dónde están los cadáveres?

Rolando le indicó con el mentón hacia la goleta y se tiró de espaldas, la cara vertical a las estrellas. El joven Coppeta arrojó su camisa a la arena, deshizo la cuerda que ataba sus pantalones de raso gris, y desnudo se zambulló en el mar. Rolando no había querido degollarlo y ahora era del todo improbable que un remolino con restos de moluscos y esqueletos de aves podridas lo succionara hasta ese espacio donde pensar no doliera. El vacío que le volcara a la cabeza, que lo descerebrara con uno de esos picotazos incisivos de los pelícanos.

Trepó a la nave por la escalera de cuerda a babor y al caer sobre cubierta lo asaltó la imagen de esa decena de soldados dispersos, inertes desde la cadena del ancla hasta la quilla, simple cabotaje sin valor, sacos rellenos de estopa. Fue hasta el mascarón de proa y desde ese ángulo privilegiado vio el timón y sintió una compulsión por agarrarse a él con los dedos ensangrentados.

Trepó la escalerilla hasta el puente de comando seguido por el pálpito de que alguien respiraba a bordo, casi como un eco de su propio jadeo. Agradeció la imprudencia de haber nadado con el puñal entre los dientes como cuando salían a bucear con Esteban en semanas de varazones, y en la espesura del mar sabían ver tridentes, delfines y sirenas, y también aquellas medusas que parecían princesas pero que estrangulaban en su masa viscosa al héroe del cuento cuando asomaba sus labios para besarle. Tocó el timón con respeto sagrado y la pulida madera de sus astas lo llevó en un rapto a otro mundo, ninguno real como esa Nueva York que tenía a todos locos, sino a un reino semejante al de los cuentos, al del cine, al maldito cine que lo había distraído y ahora lo coronaba de cobarde y traidor ante sus propios hombres. Entonces una voz muy secreta lo llamó.

10

R eino?
El tránsito del brillo lunar hacia la penumbra de donde provenía su nombre lo dejó expuesto a una torpe ceguera. Sólo tras unos segundos pudo ver a Esteban abrazando a un soldado austríaco. Reino acercó sus dedos hacia las mejillas del muchacho y la sintió ardiendo en lágrimas. Luego vio que el otro joven también sollozaba pero soplándose las narices y temblando. Su hermano sostenía un puñal con la mano agarrotada. Daba la impresión que hubiera permanecido largo tiempo en la misma postura. Reino tomó su cabeza entre ambas manos y lo besó en el cabello.

—¿Estás herido, Tebi?

—No, hermanito.

—¿Por qué lloras entonces?

La pregunta fue una suerte de detonante para que esas lágrimas tristes reventaran el rostro con gemidos. También el chico austríaco perdió el control de su pena, y ambos sacudieron sus cuerpos entre sollozos y jadeos. Esteban apretó a su hermano con un desgarrado abrazo.

—No lo mates, Reino.

Al oír el ruego, estudió alerta al soldado. Tenía los ojos oscuros, una nariz redonda, y era algo gordinflón como esos niños que en el tránsito a la adolescencia se llenan de grasa. Parecía un perfecto hijo de su mamá, y el uniforme, aún abrochado hasta el último botón de la casaca, no se veía real. Antes bien, le recordó a Reino un palitroque de su infancia.

—¿Cómo te llamas, chico?

—Wolf.

—¿Qué más?

—Wolf Michael Pretzlik. Vengo de Graz.

—No sé dónde queda eso.

—En Austria.

—¿Cómo sabes nuestra lengua?

—Antes de mandarnos aquí nos enseñan, señor.

El austríaco tomó la mano ensangrentada de Reino y la puso sobre su mejilla. Cuando éste quiso retirarla el chico se la besó con unción.

—No me mate. Se lo ruego.

Reino se desprendió de ese afecto con fuerza y fue hasta la ventana de babor. Pudo distinguir la fogata en la arena, y los doce conjurados, impasibles, lejanos, cual si provinieran de otra galaxia. Y sin embargo los conocía desde pequeños, habían compartido el balón de basketball, partidas de dominó, tareas escolares, himnos patrióticos, bailes con sus hermanas, puñetazos bajo los limoneros, pequeños hurtos en el almacén El Europeo. Y ahora estaban así de ajenos, moldeados en la obsesiva palidez de la luna.

Esteban vino hacia él y levantó el ojo de buey. La imagen de los jóvenes, ahora más nítida y crecida con el aumento de volumen de ese mar que roía tenaz el casco de la embarcación le pareció fantas-magórica.

—¿Por qué se quedaron ésos en la playa, Reino?

—Esperan.

—¿Qué?

—Que lo mate.

—¿Por qué tú?

—Todos los otros mataron. ¿Por qué no lo mataste antes?

—No pude, Reino. Yo no sirvo para esto.

—Nadie sirve para esto, hasta que se hace la primera vez.

Miraron hacia el fondo. El muchacho había hundido la cabeza entre las rodillas encapsulándose en su miedo. Reino le habló con voz baja e intensa.

—Tendrías que haberlo matado en el primer momento. Sin mirarle la cara, sin saber su nombre, sin haber llorado junto a él como un marica.

Esteban se refregó los ojos cobalto queriendo borrar las imágenes que le abrumaban.

—Tal vez —dijo entrecortado—. No soy un hombre como tú o los otros. Tal vez sea un marica como dices.

—Pero eres mi hermano y yo te haré hombre, Tebi. Aunque tenga que molerte a palos. No puedes seguir viviendo en esta isla como un cobarde. Todos te esquivarían, escupirían a tus pies cuando pasaras por la calle.

—Quiero irme, hermano. Lejos de aquí. Donde no haya guerra ni pobreza.

—Recordarán nuestro apellido como el de un traidor. Tú y yo no somos cualquier monigote, Tebi. Llevamos en las venas la furia del viejo Coppeta. Queremos la libertad más que nuestras vidas.

—No me hará más libre matar a ese niño.

—Un niño como ése puede haber sido el que degolló a nuestro padre.

—Como ése pero no *ése*, por la misma mierda, Reino. Soy incapaz de tocarlo. No entiendo esta guerra, no sé lo que estoy defendiendo, carezco de valor para matar, tengo el estómago en la garganta, hermanito.

Reino puso la palma de una mano sobre la frente del muchacho. Era un milagro que con esa fiebre no estuviera delirante. Le limpió la transpiración con su propia camisa y luego quiso abrir la mano que sostenía crispada el cuchillo.

—Suéltalo, Tebi. Yo lo voy a hacer por ti.

El cuerpo de Esteban saltó hacia atrás golpeándose contra el muro del camarote. Si antes había apretado el arma con vigor, ahora fundió su mano en ella. Alzó el puñal amenazando a su hermano. El austríaco deshizo su postura y al ver a los jóvenes enfrentados rompió a llorar con gemidos. El balanceo de la nave, hizo perder el equilibrio a los tres y Reino aprovechó para apretar la muñeca de Esteban.

—¡Suéltalo, mierda, suéltalo!

El puñal cayó junto al baúl abierto donde asomaban pergaminos de navegación, brújula y compases, y Reino lo agarró con la certidumbre de su instinto. Se ganó hasta la puerta y abriéndola de par en par le indicó a su hermano que saliera.

—Espérame en la cubierta.

—No saldré de aquí.

—No te va a gustar esto.

—Si le haces algo prometo matarte con mis propias manos.

—Estás trastornado, Tebi. ¿Prefieres matar a tu propio hermano que a este gordo llorón y cobarde?

Esteban caminó hasta el chico y se dejó caer a su costado. El austríaco buscó refugio en su cuerpo y se convulsionó dentro del abrazo de su defensor.

—Vete a la cubierta, hermano.

—No lo haré.

—Estoy harto de este teatro para señoritas. Los muchachos esperan.

—No esperan, Reino. Están paralizados de terror.

—Tengo que cumplir con los muchachos, eso es todo.

—¿Para qué, hermano? ¿Para complacer a todos esos fantasmas que están ahí cagados de muerte?

—Yo los metí en esto, no puedo fallarles.

—Los mataron a todos. No basta eso.

—A todos menos a éste. ¿Cómo dijiste que te llamabas, cabrón?

El soldado se puso de pie manteniendo trabajosamente el equilibrio en la marea y respondió con voz entera, casi ajena a su destino.

—Wolf Michael Pretzlik.

—¿Has oído alguna vez hablar de José Coppeta?

—No, señor. Disculpe, señor.

—Hace muchos años…

Esteban se levantó, también desafiante.

—Hace veinte años éste no había nacido. Termina con todo el teatro, Reino.

El joven se dio vuelta, aturdido por la lógica piadosa de su hermano, y jugó por un rato a clavar y desenterrar el cuchillo del timón. Luego avanzó hasta la ventanilla y posando la nariz contra el vidrio miró la luna. Así que ésa era la loba blanca que inspiraba a los poetas. El cementerio entre todos los astros y cometas. Ella era la que dirigía las fluctuaciones del mar. Esa maldita luz que lo oscurecía.

¡Qué torpe se sentía ahora desarmado por su propia sangre! ¿Por qué no había actuado simplemente?

Supo que nunca más permitiría que el tiempo dilatara sus decisiones. El tiempo es el aliado de la resignación y la cobardía. La bestia que te pisa los talones y te agarra y te mata y te echa tierra por la nariz. Wolf Michael Pretzlik moriría ahora, él mismo un poco más tarde. Que él lo asesinara sería una jugarreta al tiempo al cual un cadáver más dejaba indiferente. Así la luna vio rodar la cabeza del nono Coppeta ante la cimitarra de un hombre voluntarioso que no tembló como él ahora con ese cuchillo que parecía deshacérsele entre los dedos.

—Si lo mato me muero, si no lo mato me matan —concluyó, raspando con una uña la huella de una mosca aplastada por el vidrio.

Fijó el timón en dirección al continente. Secándose las manos en la madera, decidió que pensar le hacía daño. Que sus certidumbres y hasta su salud venían de confiar en lo que su propia respiración le indicaba, que estaba hecho de acciones. Su hermano, su pobre hermanito, poseía el alma sumisa de un pastor de cabras. No se lo podía imaginar el resto de la vida sino con un báculo pisando la maleza de las montañas. Él, Reino, en cambio era futuro, proyecto, y cuando amotinó a sus amigos para pulverizar a los austríacos, no lo había hecho por una idea romántica de la libertad.

Su decisión no se fundaba nada más que en la plenitud de ser un animal joven que no acepta que le pongan argollas en el cuello, menos aquellos uniformes con tiesos botones dorados que estrangulan las amígdalas. Aunque fuera el último perro de la galaxia, ése era su cuerpo y no poseía otro bien. ¿Por qué esos militares de pelo al rape y cascos puntudos iban a disponer de su vida, y por cierto de su muerte, si no aceptaba la sumisión al imperio?

—Acércate –le ordenó a Esteban.

Caminaron por el corredor hacia la popa sorteando cuerdas y baldes y se detuvieron frente al molo de fierro desde donde se tendía el ancla. Era una barcaza bastante nueva, pues la cadena no mostraba señales de óxido. No tuvieron dificultad en desprender el ancla del fondo y tiraron de la soga, enrollándola. Reino le levantó la barbilla a Esteban, conminándolo a que lo mirara a los ojos.

—Ésta es la solución que te ofrezco. Lo dejamos a la deriva.

Reino alzó el puñal y exigió a su hermano el asentimiento al pacto. Esteban se lo dio poniendo ambas manos sobre sus hombros. Luego giró hacia la baranda derecha y se puso a mirar un rato la hoguera; sin nadie que la animara, comenzaba a extinguirse.

—Todo estará bien, Tebi –dijo Reino.

Y alzándolo con un impulso irrefrenable, arrojó a su hermano al mar por encima de la borda. Cuando lo vio aparecer entre el oleaje le indicó con un gesto que nadara hacia la costa. Esteban sin embargo braceó con furia hacia la escalera de la nave, pero Reino se precipitó a levantarla dejándolo sin acceso al barco.

Entonces entró con el puñal al camarote del timonel.

11

En Costas de Malicia el baile festivo para toda gran ocasión –y el matrimonio de Jerónimo y Alia Emar excedía ese eufemístico calificativo– es la turumba, alegre ritmo que se baila en dos modalidades.

El de salón, llamado propiamente «turumba», donde al compás de una música liviana, los pianos y violines comienzan melódica y rítmicamente en un tiempo razonable, para ir creciendo de ritmo y volumen, casi al modo de danzas gitanas, pero con la peculiaridad de que muy temprano en la danza, los hombres cogen por detrás las cinturas de las mujeres, y con vaivenes que aprenden ya en la escuela primaria, realizan ondulaciones y saltos inusuales en Europa, África y hasta en América Latina.

La otra modalidad de la turumba es llamada eufemísticamente la «prostibularia». Más en lenguaje llano la nombran como «turumputa». Las fiestas locales se inician con la versión más comedida y según la generosidad báquica de los anfitriones y la temperatura de la noche, deriva en el noventa por ciento de los casos hacia la más liberal.

Así por ejemplo, en la turumputa los varones trascienden con sus manos desde la cintura de las damas hasta sus senos. Éstas, comprensivas, han hecho ya una visita al *toilette* y han omitido los *brassieres* para que nada impida la espontaneidad del contacto.

Los hombres a su vez arrancan las pantalonetas íntimas de las mujeres y como si ésta fuera un trofeo que animara considerablemente la turumputa, danza considerada hoy un monumento folklórico, injertan la prenda hurtada entre sus dientes, y ponen mayor énfasis que antes en frotar su pelvis contra las tersas nalgas de las isleñas mientras los violines y pianos se desbordan paroxísticamente.

Si la fiesta cumple ciertos requisitos, entonces la turumputa necesariamente culminará en una coreografía según la cual los hombres levantan las pantalonetas de las damas agitándolas en lo alto como quien despide a una persona que se aleja en ferrocarril y propinando violentos zapateos en el piso mientras su pareja, protegida quizá por el polvo que levantan los taconazos, alza a su vez hasta la cintura la pollera permitiendo a cualquier observador perspicaz visiones de la alborotada sombra que cubre impajaritablemente el delicioso pubis de las isleñas.

Versiones más cívicas de esta apoteosis se conocen en países de América del Sur, donde la mesura y la falta de barbarie produce que las mujeres omitan mostrar nalgas, zorras y senos, y que los hombres renuncien al rito de arrebatar la pantaloneta, usando para el taconeo un pañuelo blanco, en general limpio, mas en ocasiones decorados con secreciones de las narices o manchas de vino tinto.

El viernes por la noche, mientras el barco llevaba de vuelta a Agram el film que entusiasmara a los isleños y complicara para siempre la vida de los Coppeta, se iniciaron los ensayos de la turumba con el objetivo de subir los ánimos del matrimonio sabatino, mas con la expresa indicación del dueño del almacén El Europeo que toda derivación hacia la turumputa ocasionaría la expulsión y presidio de quien lo intentara.

Con el fin de que todos se sintieran aconsejados por la prudencia, se sirvieron bebidas analcohólicas, como grandilla de toronja, seimado de lima, pulpa de aparaza, y aguado de resmillas.

Rolando el Largo a quien la prefectura naval del continente le había asignado la función de oficial de muelles, fue extirpado de su actividad musical por un niño que le anunció jadeante que el capitán del barco que se había llevado la proyectora y el film estaba digitando desde alta mar un mensaje urgente a la costa, y que el telégrafo no cesaba de hacer sonar su alarma. Las zancadas del diletante oficial, quien había obtenido el puesto gracias a un curso morse por correspondencia, lo llevaron en un minuto a la oficina del muelle. Hizo el contacto debido, y el tecleo le anunció, con «extrañeza», que a estribor, y rumbo norte, habían avistado en la «confusión» del crepúsculo una goleta a la deriva que era un «cascabel» de las olas, y que al parecer si los vientos no cambiaran su trayecto, se estrellaría sobre el peñón del islote de Curica, pulverizándose contra sus rugosos acantilados.

El morse agregaba que a través de la luz que concedía el «olvidadizo» ocaso el propio capitán pudo percatarse que no había un solo hombre sobre cubierta y que considerando el fenómeno demasiado «original» en su currículum náutico de cuarenta y dos años decidió no poner al alcance de eventuales fantasmas a sus pasajeros ni al film, que era esperado con anhelo en la aldea de Aemona, y había seguido la ruta instruida sin desviar una milla su destino. Aconsejaba, sin embargo, que Rolando y algunos hombres remaran hacia «esa aparición» y se percataran de su «sustancia».

—¿Qué dice? —preguntó el niño vigía, una vez que el «oficial» había llenado dos hojas descifrando el mensaje.

—Pendejadas —farfulló Rolando.

Inconscientemente arrugó los papeles para tirarlos al cesto de basura, pero con la certeza de que no hay mejor huella que la que no se deja, contuvo su gesto, encendió una cerilla, y quemó en su propia mano la alarma roja hasta que el último trozo se hubo pulverizado entre los dedos. Tomó con cariño la cabeza del niño, y lo puso en la calle, dándole un caramelo. Luego iniciaron juntos, pero esta vez lentos, la vuelta al baile.

Sin embargo cuando llegaron al salón los practicantes de la turumba habían suspendido las contorsiones para ubicarse alrededor del pasajero checo Jan Parruda quien fustigó a los periodistas del puerto continental con un informe sobre lo que llamó «el buque fantasma» avistado durante la travesía. Con voz nasal, y ese característico cantito al final de cada frase que distingue a los checos aterró al público local y a los turumberos con sus declaraciones.

Él no sólo había sido testigo de la aparición sino que su privilegiado olfato le permitió percibir «un olor y rumor de buque viejo, de podridas maderas y hierros averiados». Al parecer esos materiales en asquerosa descomposición ejercían un efecto hasta sobre el mar mismo, pues mientras el barco avanzaba mascando «lamentos» hacía un ruido «de agrias aguas sobre las agrias aguas, moviendo el viejo buque sobre las viejas aguas». El displicente tono letánico del lírico checo, erizó los cabellos de los auditores temerosos de que alguna feroz profecía que ignoraban se dejara caer en la isla la noche del matrimonio («holocausto», se murmuraba en el bar) de su dilecta Alia Emar con el pródigo Jerónimo. La vista alucinada del checo Parruda había visto además lo que el barco portaba, a saber, «sacos, sacos que un Dios sombrío ha acumulado, como animales grises, redondos y sin ojos».

El periodista Pavlovic se interesó en ese colega de letras que veía con la lengua lo que no había visto con los ojos. Pero qué lengua, se dijo. Con tres o cuatro metáforas tenía a su auditorio cautivo y turulato. Casi al terminar, el informante le señaló al entrevistador que callaba porque tenía la boca llena de lágrimas, introdujo el silencio prometido con la siguiente frase: «Luego cayó una niebla, una niebla que envolvió la nave por todas partes. Imposible saber hacia dónde iba. Sólo el viejo demonio del mar lo sabrá.» Se puso de pie limpiándose unas cenizas de tabaco que habían caído sobre las rodillas, y decidió que había llegado la hora de su triunfo, la victoria del cronista sobre el poeta.

Su crónica «La noche doble», gestada con voluntario insomnio tras la emboscada que presenció *in situ*, yacía en el bolsillo trasero de su pantalón junto con un telegrama que le confirmaba reserva en camarote doble para el trasatlántico *Reina Luisa* que zarparía con puntualidad británica el miércoles de madrugada desde Génova.

Las condiciones de Pavlovic se atenían a los sabios y mundanos consejos que se autopropinó:

1) «La noche doble» se publicaría simultáneamente en los tres órganos *recién el domingo* pues con dicha estrategia mataba varios pajarracos de distinta raigambre: el ejército imperial mandaría sus milicias a la isla tipo lunes de mañana, pero por mucho vapor que insuflara a sus navíos, no iban a llegar a territorio antes del martes, momento en que Gema habría evacuado su población masculina en un ciento por ciento. Aunque las ansias de verlo impreso la misma madrugada del atentado eran feroces, y su ambición de alcanzar la gloria de periodista estrella se atrasara así por unas horas, no quería por ningún motivo perderse la boda del milenio, las danzas de turumba, que dominaba en sus dos versiones, y la crónica de la boda mis-

ma que redactaría en la cubierta del trasatlántico envuelto en un chal y sorbiendo un martini seco.

2) El honorario por la exclusiva debiera ascender a suficientes libras esterlinas para radicarse en otro país, más un pasaje de clase turista en el *Reina Luisa* al *último destino* que este trasatlántico enfilara.

3) El *Salzburger Zeuge* lo nombraría corresponsal con *sueldos mensuales* en cualquiera fuese la nación donde desembocara, así fuera Finis Terrae.

El joven Esteban entró al salón.

—¿Qué dijeron?

—Un barco fantasma —se rió Rolando.

—¿Qué cargaba?

—Al parecer sacos, sacos de algo.

—¿Cuántos sacos?

—Sacos, algunos sacos. ¿Qué te importan los sacos?

—¿Cuántos sacos? —gritó el joven, ante la extrañeza del público.

El pianista húngaro se frotó la mano como si intuyera la violencia en sus yemas.

Pavlovic agarró al joven del codo, sacándolo amable hacia la calle, y luego guiándolo hacia el muelle.

—La versión oficial —lo reprendió mojándole la cara con su explosiva saliva— es la de Rolando. Todo lo que se dice del barco son «pendejadas, reverendas pendejadas».

—Dijeron «sacos», licenciado.

—Pues bien. Sacos entonces. Reverendos sacos llenos de pendejadas.

—¿Pero cuántos?

—¿Por qué te interesa eso? ¿Por qué mierda te importa un saco más o menos?

—Porque para mí no da lo mismo que sean diez u once sacos.

El periodista aguzó su instinto y quiso mirar al fondo de los ojos del joven para apreciar por qué éste lo acechaba con su extraña obsesión. Pero el intento de adivinanza se disolvió en la profundidad cobalto de sus pupilas. Las animaba un vértigo irresistible; si tuviera que definirlas en una crónica escribiría «dueño de una mirada en la cual uno podía zambullirse». Y ahogarse, se dijo además. Si el chico fuera despabilado, podría hacer una magnética carrera en el cine. En cambio, ahí estaba entre furioso y plañidero, mientras su gente, asertiva, configuraba su libertad con fiesta y sangre.

—De modo —arriesgó Pavlovic— que la noche de los puñales cortos no terminó donde había terminado.

—Jamás sería tan idiota de contestarle eso a un periodista.

—Pero tu hermano sí lo hizo, y eso permitirá que la existencia de tu familia en este cagadero de tortugas pase a la historia con honor.

—¿Qué le contó, Reino?

—Todo. Vi con mis propios ojos la emboscada. Y el desenlace.

—¿Hasta qué punto?

—Hasta el punto que se llevaron los cadáveres a la goleta.

—¿Y en de ahí?

—¿Esteban?

—Si habló con Reino, él tiene que haberle contado como terminó esa noche de mierda. Quiero que me lo diga.

—Reino sólo dice lo justo.

—¿No le contó lo que sucedió después en el barco?

Pavlovic se acarició felinamente la barbilla. Tres días que no se afeitaba por la excitación de ver los hechos, negociar su artículo, y escribirlo con los huevos. Con la urgencia que da la masividad de la muerte.

85

Pero también con la misma desprolijidad que trataba sus mejillas quizá había dejado huir algo tan significativo que podía pudrir su crónica antes que se editara.

—¿Tú lo sabes?

—Quisiera saberlo con certeza para tomar decisiones.

El reportero mantuvo su rostro impasible, a pesar de la traviesa sonrisa que quiso pintarle los labios. El pusilánime Esteban Reino, el príncipe Hamlet de las Costas de Malicia, aseguraba que sería capaz de tomar una decisión. ¿Sobre qué tema y en qué siglo, muchacho?

—Y si es tan importante para ti, ¿por qué no se lo preguntas tú mismo?

—Porque ya no le hablo.

Hasta el muelle venía arrimándose un bote con los colores de Curica. Traía el refuerzo de violines, bajos y contrabajos para el baile nupcial. Los músicos ya vestían sus atuendos de gala, dispuestos a negociar en el mismo muelle sus honorarios con Jerónimo.

—Hey, chico —exclamó jovial—. Que gran rasurada tienes. Tus mejillas lucen como tetitas de monja. ¿Cómo lo lograste?

Esteban se palpó los pómulos y en verdad confirmó la fluidez de esa afeitada con el mismo gozo que le había producido su perfección unas horas antes frente al espejo. No valía la pena contarle a ese escupetintas de cuarta categoría que se había rasurado hasta la minucia sólo por desesperación. Lo estudiaba como si le estuviera tocando la cara con los ojos.

—El barco trajo ayer una partida de hojas de afeitar a El Europeo.

—¿De qué marca?

—Hay de tres clases: Gillete dorada, Gillete azul y Legión Extranjera.

—¿Y cuál recomiendas?

—Para una barba como la suya, la azul. Es más cara pero penetra hasta la raíz de los capilares.

—«La raíz de los capilares.» ¿De dónde sacaste esa frase tan… —buscó un adjetivo suave para reemplazar «idiota»— culta?

—De la publicidad en *La República*. Salió el mismo día en que me publicó el poemita.

—Ah, claro. El poemita. Otro Waterloo, don Napo, ¿cierto?

Aunque no pudo entender la ironía, un sagaz rubor le manchó en un santiamén el rostro y sus célebres ojos cobalto destellaron con otro estilo de inocencia.

El periodista hizo sonar unas monedas en el bolsillo del pantalón e indicó la ruta hacia El Europeo.

—Gillete azul, entonces.

¿Por qué al ver esa rotunda y certera espalda deseó tener una piedra para arrojársela a la nuca? ¿Por qué era tan mierda el mundo en todo su estúpido grosor vagando ciego en la galaxia? ¿Por qué sobre todo era tan difícil tener veinte años?

Se pasó una vez más los dedos por los pómulos, y luego se mordió iracundo la muñeca del brazo derecho, para no gritarle su pregunta a la Vía Láctea. ¿Había matado Reino a Wolf Michael Pretzlik?

12

Versado en historia, Pavlovic sabía que una vez con el caballo dentro de Troya se la podía conquistar entera.

El impulsivo Reino Coppeta le había precisado el sitio de la emboscada porque tenía pavor al *anonimato*. Aunque defensor de hacer la historia, más que de escribirla, con certeza había ya comprendido que si el acto es lo primordial, la historia *repite* el acto cada vez que encuentra un lector que busque entender los acontecimientos del mundo. Reino fue el alma de la revuelta y el protozoo que contagió de «heroísmo» a los isleños. Sin embargo, el líder, aquel que posaba de oriflama, el espléndido clarín de lucha libertaria, no había estado al frente de sus huestes en la noche de los puñales cortos.

Antes bien, mientras él veía las armas isleñas cruzar de corazón a pulmón los cuerpos de la soldadesca austríaca, el tambor mayor del espectáculo enfrentaba con la boca abierta al pistolero George Barnes en el film del Lucerna. ¿Era ese hechizo por el cine una enfermedad viral galopante que lo había hecho levitar tan lejos de los problemas reales que hasta había olvidado ponerse al frente de sus hombres en la batalla decisiva, o antes bien su trauma fílmico no había sido más que una ratona y vil estratagema para huir del conflicto real, como tantos líderes con fogosa retórica expertos en mandar a otros a la muerte para leer luego los obituarios de sus huestes en un plácido exilio?

Hoy, su apático hermanito Esteban había optado por no dirigirle la palabra. Esta actitud se proponía, con fundada probabilidad, fustigar con la ley del hielo a un… Le costó pensar el vocablo «traidor». Mas, puesto que se trataba sólo de una hipótesis, lo asumió, digamos, entre paréntesis.

Sólo un giro a la derecha le bastó para alejarse de El Europeo y volver al salón de baile. Ya a la guarnición de cuerdas traídas de Curica se había unido a los músicos locales, y la marejada de polvo que levantaba la turumba hacía pronosticar que si el ensayo era así de feroz, la fiesta de mañana sería apocalíptica. Podía sospecharse por el olor y alguna nalga precoz expuesta en toda su tersura, que el régimen analcohólico había sido vulnerado con entusiasmo militante.

Encontró a Reino Coppeta tras unos bastidores teatrales intentando abrir la blusa de Constanza Lazio, una muchacha parcialmente agraciada entre el cuello y la cintura. Esta impedía la acción del galán con más coquetería que firmeza. En tanto, los bailarines entonaban con esa afinación maliciosa que ni siquiera la calentura alteraba, la turumba de moda cuya letra rezaba:

> Sobre los mares de la muerte,
> me juego mi suerte, me juego mi suerte.
> Bajo el cielo de tinieblas,
> me voy a la mierda, me voy a la mierda.

El reportero decidió entrarle a su rival con un directo al mentón.

—Hola, *héroe* —le dijo, limpiándose una imaginaria motita de polvo en la nariz.

Sin mirarlo, Reino dobló el cuello con ternura sobre la esfera superior del seno izquierdo de la chica, besó sobre la tela la punta de su triunfal pezón, y entonces, apartándose con calma de ese incendio, le cerró minuciosamente el botón de la blusa que con tanto afán había abierto. Luego apretó esa misma erótica mano hasta transformarla en un puño rocoso, y con todo el impulso de sus veinte años en un solo envión giró el cuerpo y golpeó con tal violencia la quijada de Pavlovic, que al caer arrastró un bastidor decorado con bailarinas sevillanas.

En el inconfortable suelo el periodista decidió que ésa era una estratégica posición para evitar ofrecerle cristianamente la otra.

—Curioso —dijo, arriesgando que le volara la yugular de un zapatazo— que me hayas golpeado antes de leer mi relato de los hechos en el diario.

El joven lo miró con la barbilla altiva y una expresión de curiosidad y desprecio.

—¿Qué escribió de mí?

—Mañana podrás leerlo. Va a ser una edición muy codiciada pues trae el relato de los hechos, un análisis estético del film de George Barnes y los preparativos de la boda en detalle. Tal vez el segundo tema te interese más que el primero. Aunque en el primer tema, te dedico un subtítulo.

Mientras decía esto cogió un listón de madera del decorado para protegerse de la eventual patada.

—Quiero saberlo ahora. ¿Qué dice el subtítulo?

—«Brilló por su ausencia.»

Pavlovic saboreó desde la humillación del piso su *uppercut*. El joven se tornó lívido en un solo acto y con un gesto le ordenó a Constanza Lazio que despejase las bambalinas. Tragó saliva y se frotó las manos.

—¿Ya está impreso? —hizo una pausa y bajó el volumen—. ¿O es conversable?

—Es conversable.

—Discúlpeme por el empujón —agachó la cabeza el joven.

Aún con la barbilla distorsionada, Pavlovic sonrió para sus adentros confirmando que los habitantes de Gema eran maestros del eufemismo. Llamar *empujón* a esa masacre, sonaba francamente cortesano. Aceptó del chico una botella de slíbovitz y antes de pasar el sorbo por la garganta hizo una gárgara anestésica para su quijada. Le indicó que se sentara junto a él.

—¿Héroe o traidor? —encabezó el interrogatorio Pavlovic.

Reino oyó la pregunta y se pasó las manos por las orejas cual si las alternativas fueran campanadas retumbando en su cabeza. Esa simple, maldita, pregunta, lo puso por primera vez en sus transparentes años ante algo que jamás había sentido: duda, ambigüedad. Le pareció raro que la siguiente frase saliera de su boca:

—Depende del cristal con que se mire.

—Eso me parece demasiado sutil. Cada uno de los muchachos se echó un austríaco, ¿cuál fue tu aporte en la fiesta de beneficencia aparte de la retórica insurreccional?

—No puedo decirlo.

—¿Por qué no?

—Por mi hermano.

—Esteban.

—Si se lo digo, le rompo el corazón.

—Vamos, Reino, los corazones sólo en las novelas se rompen con palabras. En la realidad se rajan con cuchillos. Y anoche faltó uno. El tuyo.

El joven le arrebató la botella de slíbovitz y se echó un breve trago. Hundió la cabeza entre las rodillas de un modo tan abandonado, que hasta el mismo Pavlovic se sintió compelido a acariciarle la cabeza. Con expresión acorralada, el muchacho levantó la frente.

—No faltó ninguno.

—Yo estaba ahí gracias a las señas que tú mismo me diste y tú faltaste. ¿Cómo me lo explicas?

—Eso no puedo explicárselo.

—Bien, Reino —dijo el reportero levantándose y sacudiendo luego los fondillos de sus pantalones—. Entonces quedamos así nomás.

—¿Qué quiere decir?

—«Brilló por su ausencia.»

Se precipitó sobre el reportero y lo retuvo contra el muro.

—No puede hacer eso.

—Muchacho, ya me tienes más golpeado que membrillo de colegial. ¿No puedes tranquilizar tus nervios?

—Si me hace esa mariconada nos fataliza.

—¿A quiénes?

—¡A mí, a Esteban! ¡Al viejo Coppeta!

—Tu padre fue un hombre de verdad y lo pagó con su vida. Nadie difama a un héroe.

—Pero hay algo mucho más grave. Su artículo faltaría a la verdad.

En la nueva mueca de interés que apareció en el rostro de Pavlovic, el muchacho se dio cuenta que ahora él tenía a su cargo el ataque. Aflojó la presión y se mascó la uña del anular.

—¿En qué sentido?

—Si se lo digo, ¿lo calla?

—Chico, pedirle eso a un periodista es como sacarle una banana a un mono.

—Es la única posibilidad de que se lo cuente. ¿Trato hecho?

Pavlovic se pasó las palmas de las manos por sus pómulos e hizo una anotación mental de pasar por El Europeo a buscar las navajitas. Gillete azul, había recomendado el benjamín. Se preguntó si acaso toda la historia de la humanidad no habría sido un tramado infinito de seres y acciones insignificantes, como las de estos jóvenes confusos, retenidas sin eco en periódicos remotos como el suyo.

—Trato hecho —repitió sin entusiasmo.

Reino limpió largamente la boquilla de slíbovitz e inclinó la botella de tal modo que el líquido pasara directo a la garganta, una proeza que en Gema se aprende en el último año de la escuela básica el que equivale además, por una afortunada coincidencia, al último año de escolaridad disponible.

—Doctor Pavlovic: esa noche hubo un muerto más que usted no contó.

—¿Y tú te hiciste cargo de esa… *estadística*? —susurró Pavlovic saboreando su estilo.

¡Dios mío! ¿Por cuál desinspiración del destino había aceptado el cargo de corresponsal en Costas de Malicia en vez del de Portugal? A estas alturas quizá lo hubieran ascendido en Lisboa a redactor de notas gastronómicas.

Reino se mojó los labios con la punta de la lengua. Un dejo de slíbovitz le hizo arder las comisuras.

—No es mi hábito lanzar bravuconadas. Pero le juro por mi padre que si usted publica esto lo degüello.

El reportero se dijo con una melancolía profunda que en tal caso podría ahorrarse la compra de la Gillete y la minuciosa afeitada gracias a la cual se proponía coquetear con alguna chica al ritmo de la turumba durante la fiesta nupcial.

–Juro por tu padre no publicar ni una línea –dijo, sentándose en el taburete que le alcanzó el muchacho, mientras extraía el cuaderno de notas.

Después destapó con los dientes su pluma fuente dejando la parte superior colgada de los labios.

13

A las cuatro de la madrugada de ese sábado tibio e insomne, Alia Emar fue arrebatada desde las blancas colchas de su lecho, bruñidas con calados que simulaban elegantes lanzas medievales, y conducida por la asfixia hacia la ventanilla del segundo piso. Al aspirar una marejada de aire fresco, su pecho se alzó hasta desprender el lazo rosa de su entreseno cual si un amante diestro y fugaz lo hubiera deshecho con sus dientes.

Retuvo ese aire salvador en sus pulmones y lo fue dejando salir en un lento silbido sin música hasta que disuelto en la noche volvió a trabajar otra masa semejante que sus bronquios recibieron como una bendición. Esa brisa le informó que al borde de su balcón parecían haberse concentrado todos los aromas del pueblo, los frutales y los florales de los arbustos, la sabia menta de los eucaliptos, la espesa contundencia de los jazmines, el dejo salado de la espuma, el agrio gotear de la resina en el bosque alto.

Ahora quizá esa brisa la llevara con Jerónimo a Nueva York. El barco estaba a punto. ¿Pero en de ahí qué? Nunca pudo entender en cuál episodio de la rutina pueblerina perdió el ansia de ausencias y supo, sin formulárselo, que había algo indivisible entre el paisaje y ella. Habitaba plena en un mundo sin fracturas donde todo era una presencia total; inseparables el canto de la voz, el beso del labio, la luz de las vibraciones en el aire, el sol descascarándose en un polvillo tan parecido al que caía sobre los santos en los tapices de la iglesia.

Coincidiendo con esa imagen, sonaron cuatro campanadas de bronce opaco, demasiado profundas y graves para la dimensión y ligereza de la isla. La brisa agitó su camisón y cruzando los brazos sobre el pecho quiso hallar en ese gesto protección y lucidez. ¿Por qué habían sonado las campanas *ahora* si desde su nacimiento en esos mismos parajes escuetos y olvidados sólo repicaban los domingos a las siete para misa o a las cinco de la tarde cuando tocaban funeral? Nunca el cura violentó antes esa rutina pues subir treinta escalones hasta el campanario dañaba la articulación de su rodilla izquierda.

Por un lado, puesto que eran exactamente las tres de la madrugada había cierto delirio en el acontecimiento. Nunca nadie en toda la historia fútil de la isla había hecho sonar ese metal fúnebre heredado de la ocupación veneciana a esa hora de la noche. Tal vez lo que la lógica indicaba —suspiró Alia Emar— era volver al lecho y permitir que el sueño interpretara estas extrañas variantes.

Lo que hizo en cambio fue tirar el camisón, extraer enérgica el liviano vestido de tul verde desde el prolífico ajuar con que Jerónimo la había dotado durante meses, ponérselo con un simple ademán, y descalza correr hacia la iglesia.

Sus pies poseían la certidumbre de cada guijarro, helecho, arroyo o zarzamora, y la condujeron sin caídas hacia el templo donde la habían bautizado, y en el cual hizo también la primera comunión, su mirada teñida con la misma dulzura de la virgen de yeso. La iglesia tenía una historia que la inquietaba y desconocía y esa noche quiso tener la certeza de todo. La rústica piedra fundacional había sido labrada con motivos de ángeles y perros que arrojaban fuego por la cola o con apóstoles de túnicas desteñidas por el polvo que el viento hacía chocar contra los muros. Cada tropa invasora le había puesto al sagrado recinto colgajos al estilo de sus cortes, fueron oropeles bizantinos, miniaturas asiáticas, medias lunas árabes, odaliscas con velos pérfidos antes que góndolas y mantos venecianos.

Alia Emar nunca supo por qué su isla se llenaba en un siglo de luces y cortesanos displicentes y en otro se despoblaba dejando sólo al viento para que revolviera la luz de la espuma del mar y fustigase las vides yermas tras la peste: la filoxera que había pulverizado también los campos de Burdeos menguando el vino en las tabernas de Francia y en los palacios ducales.

Esta noche impecable el viento se había mitigado en una brisa grata. Ni el mistral, que algunas semanas atrás había traficado turbulento y remolinero alzando la arena hasta la cúpula de la iglesia, podría haber desplazado un centímetro del bronce espeso de las campanas. Al llegar al portón, la chica sonrió ante sus razonamientos. Claro que no soplaba el mistral, pero aún si arreciara con ira, no sería tan instruido como para moderarse y hacer sonar la hora con cuatro rítmicos golpes a los péndulos.

La campana estuvo al pie del templo en Gema durante cincuenta y cinco años, sin que se encontrara una técnica para subirla hasta el torreón, y muchas inscripciones, tanto de amor como procaces, fueron grabadas con cincel o tijeras oxidadas sobre su tolerante superficie. El primero que hizo una nota sobre el fenómeno, fue precisamente el periodista Pavlovic. «La campana escrita» concluía su pieza de investigación con una «antología esencial de los textos» a los cuales bautizó usando una expresión desconocida hasta entonces en Gema: «Graffitis.» A su juicio el mejor aforismo religioso era: «Todos los dioses *fueron* inmortales.» Su número uno en materia de amor fue: «Sulara, te amo con pasión tan rara, que no te lo puedo decir cara a cara.» Y el más puerco: «Aquí me tiré al Papa.»

No pudo saber si era sugestión, mas al pasar la mano por la fría superficie del metal, sintió que la vibración aún sacudía las fibras secretas del bronce y que éstas le transmitían su cosquilleo hasta las sienes. Cerró los ojos, y apoyando el pómulo sobre la superficie, entregó su ser a ese vibrato que parecía querer decirle algo. No dudó que la había conducido hasta esa cúpula de piedra y polvo para que ella interpretara una señal que acaso Dios le daba atrayéndola a su templo. Entonces exteriorizó dulcemente la pregunta que tenía en la punta de la lengua desde hacía meses:

—Voy a morir mañana, ¿cierto?

14

Una leve llama se encendió en el rincón más oscuro del campanario. El hombre, con un cigarrillo en los labios, aspiró el tabaco y la brasa reveló su rostro. Luego emitió una cortina de humo que fue atravesada por una luciérnaga. Alia Emar vino hacia el muchacho, le pidió con un gesto el cigarrillo, y fumó dos pitadas en silencio con la sensación de que se despeñaba desde el torreón al vacío.

—¿Qué haces aquí?

—Ya lo ves, fumándome un pensamiento.

Le puso otra vez el tabaco cerca y Alia volvió a aspirarlo con deseo.

—¿Y qué pensabas?

—Lo mismo que tú le preguntaste a Dios.

—¿Y?

El chico retuvo un largo rato el humo en los pulmones y después lo fue soltando despacito. Ella siguió su trayecto hasta que se perdió en la noche.

—Dios nos inspira las preguntas, pero no nos da la respuesta.

—¿Qué quieres saber?

—Por qué soy cobarde. Con un cuchillo en la mano no soy capaz ni de pelar un durazno.

—Cuando se trata de matar a alguien todos somos cobardes.

—No mi hermano. Antes de pensar lo que quiere hacer ya lo ha hecho.

—Estuvo en la emboscada, ¿cierto?

—¿Cómo te enteraste?

—La arena junto al peñón brilla con granujos de sangre. Todo el pueblo fue a verla. ¿Mataste a alguno?

—¿Yo?

—¿Y tu hermano?

—Le ruego a Dios que no lo haya hecho.

Las yemas de Alia Emar untaron los párpados del chico, y luego con las uñas de sus pulgares, corrió de punta a punta sus encendidas pestañas. Es —pensó— como estar merodeando una mansión intangible. Los ojos cobalto de Esteban no terminaban nunca y ella no sería la dueña de esas pupilas, la coleccionista de aquellas bruscas joyas, esas antorchas tisú con un vértigo en el fondo. El sol no salía, pero la franja de roja claridad previa a su ascensión sobró para encender la breve aldea.

Al canto del primer gallo, se sumó un minuto después otro, y un poco más tarde el de cientos.

—Dicen que el ejército austríaco entrará a la isla y nos matarán a todos.

—¿Quién lo dice?

—Pavlovic. Duerme con el pasaje de un trasatlántico en el pijama.

—¿Por qué habrías de creerle? Es un hombre cínico y cobarde.

—Tal vez. Pero un patriota.

Alia Emar redondeó la visión de toda la isla. Conocía cada casa, muchos adornos de los salones, los meses tarjados en los calendarios, las camas de fierro blanco del hospital, las grietas en el aula de la escuela, las espinillas de los hermanos menores de sus amigas, el nido de los cormoranes, la balanza alemana donde en este momento estarían pesando el pan para repartirlo en triciclo de portón en portón, sabía todo el repertorio de canciones que silbaban los chicos de la plaza, las mismas metáforas con las que la fustigaron anónimamente los admiradores de sus caderas y tobillos, los pumas en ascuas que se ofrecían lamerle los lóbulos y hasta los talones con saliva bulliciosa y espermática. ¿Sería ese manojo de pequeñeces la patria?

—Aquí nunca pasó nada, y ahora la política lo tiene todo alborotado.

—Pasaron cosas. Pasaron cosas inolvidables.

—Recuérdame al menos una.

—El meteorito que se estrelló en el Peñón de la Sombra Larga.

—¡Bah! En todas partes caen estrellas.

—Pero tú fuiste la primera en encontrarlo.

—Bueno, corrimos en un grupo y algunos se alejaron porque emanaban chispas.

—Yo iba en ese grupo, y sé que tú corriste más fuerte que nadie.

—¿De qué cosas me hablas?

—Te hablo de que pasan cosas. Pasó tu comunión. Atravesaste el pueblo acompañada de tus padres y dejaste una huella de nieve tras cada paso.

—¿Nieve en Gema? Los Coppeta están locos de remate. Tú y tu hermano.

—¿Y el día que tuviste fiebre en el hospital, y mientras te ponían paños helados en la frente, mirabas sin parpadear la pared y contaste lo que estabas viendo en un idioma que nadie entendió?

Alia Emar largó una carcajada y el eco la expandió por la bóveda. Esteban la miró reír con la gravedad de un notario, hasta que se estremeció por la alegría que brotaba de cada diente de la muchacha, y también abrió su boca en una sonrisa, y los ojos compulsivos se acercaron a ella, amables.

—¿Así que eso es para ti la patria?

—Eso creo —dijo Esteban instantáneamente serio.

—Pero saca las cuentas, Tebi. Según lo que contaste, la patria se reduce a mi humilde persona.

—Y naturalmente todo lo que la rodea. No me gustaría que me encajaran en un uniforme para arrojarme lejos de ella.

El repartidor de periódicos estaría ahora recogiendo la edición de *La República* desde el barco a vapor. La nave entraba a esta hora al muelle en silencio, pero al alejarse el capitán había convenido con el cura soplar su sirena para evitar que éste subiera gotoso hasta la torre a proclamar *el Dominus* de las cinco de la mañana. Por este servicio, una vez al mes le regalaba una botella de tokai añejo guardada en sus catapulcas mucho antes de que la filoxera esterilizara las plantas.

—¿De modo que te sientes completamente pleno y feliz en la isla?

—No es para tanto. Pero cuando creo que algo me falta, escribo unos versos.

Ella lanzó otra vez una risa que hasta el padre Pregel oyó al persignarse frente a aquel altar donde Cristo era acompañado por una estatuilla en marrón y gris de San Roque, el patrono de los pescadores y los piratas. Esteban se impregnó con esa alegría total, y no supo cómo, de su boca, que con mucha paciencia sacaba del alma cierta sonrisa una vez al mes, saltó una catarata de risa con un ruido de piedras despeñándose.

—¿Poemas, Tebi? Un admirador me dedicó unas estrofas el otro día en *La República*. ¿Las leíste?

—No —aceleró el joven, cortando la risa con un puño sobre los labios—. ¿Qué tal eran?

Alia Emar se aprestaba a buscar otra vez la carcajada cómplice del muchacho exclamando espontáneamente *cómo la mierda* cuando una lúcida palidez, digna de las alturas eclesiásticas donde platicaban, retuvo su respiración, y cambió su texto en un casi inaudible *geniales*, lo suficientemente claro sin embargo para que Esteban Reino adquiriera el color de un turista noruego tras su primer día de sol en la playa de Gema.

«Si yo soy la patria para este hombre, nada de raro que haya sido él quien me dedicó los versos para impedir mi boda.»

—Dentro de poco llegarán los barcos con la cena para la fiesta. De todas las casas te traerán regalos. Bailaremos vals y turumba, y el lunes en la madrugada, antes que salga el sol, estaremos todos muertos.

La novia se abrazó sin aire al pecho de Esteban, tan estrechamente, como si quisiera que le prestase su corazón para bombearle aire a su cabeza. El discurso del muchacho la había abofeteado de vuelta a la realidad.

—Tú sabes la respuesta de la pregunta que subí a hacerle a Dios, ¿cierto, Esteban?

El joven pestañeó y luego apretando fuerte los párpados quiso concentrarse en ese fondo rocoso, donde el paso de las olas abismales había dejado inscripciones semejantes a las que sentía grabadas en su cerebro. Sin abrir los ojos, balbuceó su incertidumbre:

—Algo malo te sucede, Alia Emar. Tengo el sentimiento pero no las palabras.

Ella volvió a apretarse a él. Pero el joven se apagaba sin lucidez para formularse.

—¿Moriré esta noche?

Apartándola de los hombros, él la retuvo a una corta distancia y le acarició levemente los lóbulos, casi como si hubiera perdido algo. Ella le buscó los ojos y los vio nublados con un agua rara. Puso un dedo sobre la nariz y trazó con él un recorrido desde el tabique, pasando por su tórax y cintura, hasta detenerse con toda la mano sobre la dura punta de su sexo. El joven dobló el cuello y otra vez el rubor lo azotó hasta las orejas.

—Te calentaste —dijo ella en un susurro.

Acarició su miembro y luego llevó esos dedos a su nariz sintiendo que la exhalación de su esperma había traspasado los pantalones, y los olió con turbada reverencia. Entonces caminó lento hacia las escaleras, y antes de descender, se dio vuelta hacia Esteban y le dijo con voz grave:

—Gracias por las cuatro campanadas.

—¿Alia?

—Las cuatro campanadas. Me trajiste aquí al tocarlas.

El joven avanzó hasta la muchacha percibiendo cómo la vena de su garganta crecía segundo a segundo.

—Yo no toqué jamás las campanas.

Ahora se oyó la bulliciosa sirena del barco reloj y la maldición de un vecino que difamaba a la nave y a su santa madre.

—Pero las habrás oído, ¿cierto? Al fin y al cabo estabas en la misma torre.

—Alia Emar: no.

La chica se miró un instante las uñas, dio vuelta una de las manos y mordió el nudillo del dedo central. Después se echó el pelo hacia atrás con un gesto suave.

—Está bien, Esteban —dijo.

Y descendió las escaleras.

15

El insomnio se expandió epidémico. Jerónimo mantuvo la vigilia la noche entera, a pesar de que el día de su boda proyectaba verse más joven y encantador que nunca. Jamás le había faltado dinero, pero sí raíces. Por eso gastaba sus recursos con una generosidad escéptica, prodigándose en causarle pequeñas alegrías a los isleños. La función de cine había sido un ejemplo. Claro que los isleños más inquietos conocían el séptimo arte por sus incursiones a Agram, e incluso alguno se había enrolado en las naves que cargaban los futres de vino tokai, y trajo a casa noticias de los hechizos que digitaban los hermanos Lumière.

Jerónimo en otro tiempo y en otro lugar habría sido un príncipe servicial con su pueblo. Al llegar por primera vez a Costas de Malicia, sólo había buscado la ruptura con ciertos hábitos familiares. La enfermedad de su padre, un célebre banquero de Salzburgo ligado a la elite política, anunciaba la inminencia de su muerte y con ella el eventual fin de sus deberes filiales. Que recordara, nunca había cambiado con su progenitor alguna frase sustancial.

Padre mezquino con las mesadas en vida, Jerónimo no contaba

con una herencia cuantiosa, pues imaginó que sólo le dejaría acciones o papeles a largo plazo que le gotearan intereses hasta la vejez evitando así que su heredero dilapidara en aventuras aquello que él había logrado con trabajo y austeridad.

Con somnolencia y luego hartazgo ingresó en la Hochschule de su ciudad natal, donde le interesaron las clases de derecho internacional, en un continente que a punta de guerras violaba no sólo las leyes sino los mínimos derechos humanos. En el resto de las disciplinas se mantuvo en el lote de los mediocres sin levantar cabeza ni cuando algunos comilitones trasnochaban con él preparándolo para un examen. Sólo la excelente calificación en su materia dilecta le permitía un promedio anual ligeramente por arriba del mínimo aceptable, virtud que los maestros compensaban redondeando hacia lo alto las décimas de sus calificaciones.

Considerando además que la mayoría de sus profesores eran prestigiosos clientes del banco de su padre, quienes recibían de éste créditos hipotecarios con tasas preferenciales, y a veces olvidables, sus notas académicas podrían considerarse un balance comercial.

Su interés por las materias internacionales hizo que el catedrático del ramo lo invitara a un seminario en Lübeck, al norte de Alemania, donde el barón von Vietinghoff, inquieto por ciertos brotes racistas y autoritarios en su patria, había convocado en su instituto a destacadas eminencias y jóvenes valores para debatir con ellos en qué sentido el derecho internacional podría ser un marco que pusiera control a los políticos alemanes si su nacionalismo a ultranza los llevara a fanatismos y guerras contra sus vecinos.

En otro acápite, la convocatoria también invitaba a meditar acerca de temas como la supremacía de las leyes humanitarias sobre las legislaciones nacionalistas en caso de que se atropellaran a través de las torturas y el crimen político los derechos de minorías étnicas, o los de rebeldes contra la autoridad. Los documentos acusatorios dispuestos en una carpeta que llamaba «el huevo de la serpiente» le resultaron a Jerónimo tan rotundos que desarrolló una suerte de enfermedad nerviosa que se traducía en asco a los comestibles. La semana de discusiones lo pasó lívido, y ojeroso, cenando al mediodía sólo compota de manzana.

Ya en el tren de vuelta, admirando la prosperidad de Baviera con sus prados paradisíacos y las suaves lomas que pintaron los románticos, se propuso emigrar de Austria hacia territorios menos «historiados», ya que aprobó lívido la conclusión que su maestro le citó al separarse en Wien Mitte:

«La historia es sólo el retrato de crímenes y desgracias.»

Al día siguiente revisó el mapamundi asistido por una lupa haciéndolo girar despacio y marcando aquellas zonas carentes de interés para las codiciosas repúblicas militaristas. A la media hora, deseó con fervor que hubiera otro planeta. Con todo, tres lugares excitaron su imaginación:

Nueva York, la metrópolis loca donde los caballeros bebían champanes por la noche sobre las nalgas de rubias descocadas y cocainómanas y elevaban rascacielos durante el día jugando al póker en oficinas tapizadas en terciopelo y cueros.

Chile, una excentricidad flaca al final del mundo que se disolvía por los pies en una mancha de hielo polar incapaz, pensó, de estimular la rapiña de nadie.

Y esas pequeñas islas dispersas de Costas de Malicia que sólo con lente de aumento eran apreciables y que no producían oro ni uranio, níquel ni cobre, cobalto ni carbón, hierro ni estaño, sino apenas aceite de oliva, vino blanco de cepas francesas, basketbolistas y bailarines de turumba, y que, miel sobre hojuelas, estaban a tiro de piedra.

Una semana más tarde sus afanes geográficos cobraron inesperada actualidad con la muerte del padre. En la última hora le ordenó al médico una onza de opio directo a la vena, y pidió a sus dos hijos que le tomaran las manos y rezaran por él. Su hermana Paula se sabía todas las oraciones de ocasión y recitó con voz sobria los textos apocalípticos alegrados por una resurrección inminente y una general bienaventuranza.

El agonizante la interrumpió para formular una aprensión que había debutado hacía meses cuando le estalló el cáncer.

—¿Tú crees, hijo, que en la otra vida se me reconocerá mi posición social? ¿Tú crees que se discriminará entre gente como nosotros y los simples trabajadores?

—Se lo garantizo, padre —respondió Paula sin pestañear—. La Biblia está llena de versículos donde se establecen y respetan los privilegios terrenales.

Con un resto de voz, el padre se dirigió entonces a Jerónimo:
—¿Y la cosa esa del camello y la aguja?

El joven, aprovechando que el enfermo había cerrado los ojos, levantó los hombros, y luego activó a su hermana para que contestara esa estocada.

—Padre —dijo ésta—. Cita usted un texto que admite muchas interpretaciones. —Al advertir que los dedos de su progenitor asían los suyos en la intuición de la despedida, decidió prolongar la sentencia hasta que su respiración cediera completamente—. Todos los versículos que conciernen a animales tiene cierta imprecisión fantástica que abre vetas a significativas ambigüedades. Así la imaginación colorida de los poetas aporta juegos de palabras, que puestos al revés dicen una cosa y ubicados al derecho expresan lo contrario. Detengámonos nada más que en el camello. ¿Qué tiene que ver semejante bestia con nuestra fauna y nuestra experiencia de la vida? ¿Acaso, padre, alguna vez en toda su vida ha visto usted un camello? ¿Usted cree que se pueden trasladar cosas de una cultura tan ceñida a la geografía local con todos sus pintoresquismos y extravagancias a la nuestra, tan sobria, ascética, y espiritual?

Paula hizo una pausa tentativa, lo suficientemente larga para cerciorarse que el viejo había expirado. Dijo entonces: «etcétera», agregó «amén», descruzó con algún esfuerzo las falanges del difunto de las suyas, luego asistió en el destrabe a Jerónimo, y cruzándole al difunto ambas manos bajo la quijada, se persignó con aire grave, y tras el último palo de la cruz imaginaria, se pasó un dedo por los párpados como ahuyentando una lágrima.

Enterrado el banquero en el Kommunal-Friedhof, los hermanos fueron al gabinete del abogado para enterarse sobre los detalles de la herencia. Sin traicionar las expectativas de la mayor, Paula quedaba con la gerencia del banco, la mansión de Kaiserdamm, el descapotable Opel azul con bocina exterior plateada, la pinacoteca donde no había grandes cosas, a no ser por un joven de apellido Modigliani avecindado en Francia a quien le auguraban más futuro que presente, y que había sido puesto entre el tesoro familiar sólo por la fortuita garantía de un crédito impago concedido para invertir en una cervecería de Linz.

Tocante a Jerónimo, el resumen de sus bienes venía adjunto a una carta firmada por el padre donde exponía criterios, aconsejaba medidas, y dictaba cátedra de geopolítica. El abogado la leyó bajando los lentes por el tabique de la nariz con voz monótona, explicando

111

que así se distanciaba del enorme dolor que sentía por la muerte de su cliente y amigo:

Hijo:

A pesar de que desde chiquito fuiste raro, te quiero. Nunca te lo dije porque me faltaba tiempo. Cuando niño hablabas cosas tan extravagantes que te bauticé «el poeta». Espero que te hayas curado de esa plaga. Le dejo a tu hermana el banco porque sabe lo que hace. Con semejante trasatlántico tú te hundirías en el primer charco de agua. Por lo tanto, recibes una cuenta bancaria con un capital en todo semejante a los pasivos que tu hermana sabrá administrar. Úsalo para algo sensato. Cómprate una casa en Alemania, la nueva potencia; instala una cafetería cerca de la plaza natal de Mozart. El turismo hacia el Sur beneficiará nuestra ciudad, porque nadie querrá ser tan bruto de adquirir una piel bronceada en Costas de Malicia sin haberse dado antes un pinchazo cultural en Salzburgo. Sobre todo gasta moderadamente en comidas, y no te cases hasta no estar seguro de que te quieren por ti mismo y no por la plata que heredas. Tienes cómo hacer feliz a muchas mujeres, de modo que calma. Y sobre todo, te imploro, que termines tu carrera. No todos los abogados son ladrones, o al menos no todo el tiempo, como lo prueba nuestro querido doctor Gesner. El título no agregará nada a tu dinero, pero siendo doctor en leyes te lo robarán cuidando de ser prolijos.

Consumado el acta, los hermanos se dirigieron a pie hasta la central del banco, compraron en la tienda del molinero Pabst dos Bienenkuchen, los apuraron con un capuchino de festival espuma, y sonrieron al ver sus imágenes en el espejo con sendos bigotes blancos. Rememorando cierta complicidad de la niñez, no se borraron los mostachos, e incluso ignoraron la burla de la camarera que les indicó las manchas sobre los bozos.

Abordaron la calle y con similar humor fueron hasta el banco. Se pusieron anteojos negros, para completar el luto, y Paula le indicó a la secretaria del padre que convocara a los cajeros y administradores en el *hall* central a fin de emitirles un comunicado. Junto a su hermano, tomó lugar hacia la mitad de la escalera de mármol, y tras cavilar un minuto en silencio, cual si orara, levantó su cara enmostachada de leche y dijo su tradicional «Damas y caballeros». Al notar cierta inquietud en la veintena de empleados, les preguntó sin dirigirse a nadie en especial, si algo les causaba extrañeza o zozobra.

El grupo negó enfáticamente, y sólo el anciano ujier creyó salvar la coyuntura diciendo «Es sólo el pesar por la muerte de su querido padre». «Comprendo –afirmó Paula, y girando hacia su hermano lo apuntó con el índice–: Tienes un bigote de leche en tu cara.» Jerónimo se apresuró a borrárselo y ella alzó orgullosa la quijada para que el único mostacho blanco reinara ahora en solitaria majestad. «Me imagino, señoras y señores, que ya habrán tomado nota de que el único director del banco ahora soy yo. Inicio mi égida bajo el lema "austeridad y disciplina".»

Cuando el grupo se dispersó fueron al gabinete del difunto y encontraron dispuestas sobre la carpeta secante enmarcada en cuero, dos *dossiers* sobre los cuales había escrito de su pluma y letra el nombre de los herederos. Cuando el hermano menor llegó en la tercera página a cerciorarse de la cantidad que le había depositado en su cuenta, se dijo con angustia que poseía tanto dinero como para incurrir en todos los vicios imaginables el resto de su vida, y aun dejarle un resto a algún eventual vástago. Paula, por su parte, comprobó que todo estaba en orden según lo expuesto por el doctor Gesner y sólo un sobre sellado y confidencial puso cierto misterio en la ceremonia.

Tras rasgarlo, y leerlo de un envión, se lo extendió con una sonrisa indiferente a su hermano. El texto era breve: «Una última advertencia. Considerando que la mayoría de nuestros clientes provienen de Baviera, te recomiendo que con discreción te vayas desprendiendo de nuestro personaje judío: el ujier Friedman, la cajera Meerapfel, y el escribano Liliencorn. Consígueles alguna cosita aquí o allá para que no queden en la calle.»

Paula se miró los bigotes en el espejo ovalado del escritorio y ahora sí se los borró frotándolos con un dedo.

—¿Cómo encontraste mi «inauguración»?

—Enérgica.

—Los cagué a todos, ¿cierto?

—Trapeaste el piso con ellos.

—Ahora el banco marchará como un relojito suizo.

—Exactamente. Como un relojito alemán.

Jerónimo salió a la avenida y tomó un coche que lo llevase hasta la universidad. Retiró de su cubículo el *Manual de Derecho Internacional*, inspirado en la vaga certeza de que algún día le serviría para algo, pasó a tomar una mineral en la Mensa, y allí dejó alegremente olvidados el resto de los libros curriculares. Fue hasta la oficina del rector, y pidiendo a la funcionaria de moño, lentes redondos, y dientes manchados de tabaco el libro de inscripciones, verificó que tarjara su nombre con tinta roja.

—¿Se va a tomar unas vacaciones?

—Exactamente.

La mujer anotó su interrupción del semestre y luego tuvo que pedirle que precisara el tiempo de ausencia.

—Oh, anote allí «indefinido e infinito».

Un aletazo de ira sublevó el ceño de la funcionaria.

—Voy a anotar «entre cuarenta y cincuenta días», joven Jeró-
nimo. A su señor padre no le va a gustar nada lo que está ha-
ciendo.

Jerónimo extrajo un billete de cinco *schillings,* y con la energía de
su nuevo status, se lo lanzó a la mujer.

—Hace bien en recordármelo. Por favor, use ese dinero en com-
prar flores y llévelas a su tumba en el cementerio.

Dos cuadras hacia el sur había un pequeño local donde se ven-
dían y reparaban cachivaches con el académico nombre de La Clí-
nica. El dueño era un pequeño español de dedos minuciosos que
examinaba los tubos de las radios montándose en el ojo derecho el
monóculo de un joyero.

—¿Algo para reparar, míster?

—Por ahora no. Me interesa el aviso en su ventana.

—¿El aviso de la ventana?

—«Necesito ayudante.»

—Ah, eso ya no es actual. El negocio hoy no alcanza para un
ayudante. —Una chispa de entusiasmo le animó y se rascó con placer
el lóbulo de una oreja—. ¿Usted entiende de radio?

—Sé apagarlas y encenderlas.

—Y aparte de ese enorme talento, ¿conoce usted algo del funcio-
namiento del artefacto? ¿Su entramado de claves y el trabajo de cada
«órgano»?

—Oh, no. Nada de eso.

El español no perdió el humor con esa noticia, y al contrario
pareció dichoso con la situación.

—¿Y quiere ser mi ayudante?

—Hummm, hummm.

—Créame, joven, que aprecio enormemente su interés y su brillante formación académica en electrónica, pero no tengo cómo pagarle su capacidad.

Jerónimo levantó un cono con finísimos cables de diverso grosor y luego introdujo la mano en una caja de fusibles.

—Eso no es el problema. Soy yo quien le pagaría por ser su ayudante.

Las campanas de la catedral de Salzburgo dieron cuatro campanadas y ambos hombres las escucharon con exagerado respeto. El electricista carraspeó:

—¿Hiero sus sentimientos si en vez de «asistente» definimos su elevada función como la de un «aprendiz»?

—De ningún modo. Aprendiz me parece perfecto.

Con un salto el técnico le abrió camino indicándole que pasara a su lado del mesón.

—¿Qué lo condujo a este interés por la radiofonía, señor…?

—… Franck, Jerónimo Franck.

—¿Está usted emparentado con el banquero Franck?

—Sumamente, señor…

—… Torrentes. ¿Y en qué relación?

—Soy su hijo. Bueno, su huérfano —corrigió.

El técnico se puso a caminar nerviosamente de una punta a otra de la pequeña tienda, tropezando con utensilios, cartones, pilas de periódicos viejos, y hasta un ancla de navío. Había perdido en un segundo todo su control.

—*Oh, my God* —exclamó, sin dejar de tropezar, tratando al mismo tiempo de ir ordenando el estropicio—. ¡Usted no sabe la cantidad de dinero que le adeudo a su señor padre! Todo esto que usted ve está hipotecado. Hasta el último tornillo. Debe haberse formado una pésima impresión de mí. Es que el negocio no da para dos, como le dije. En verdad, tampoco para uno como se habrá dado cuenta. La gente simplemente no es moderna. La radio le resulta sólo un desconcierto de ruidos. Pero todo cambiaría, señor Franck, si resultara lo que intento inventar. Porque este taller es, perdone esta infidencia, una fachada. Sí señor, una mera fachada. Lo que realmente cuenta en esta pocilga es, mi querido señor, lo que hay tras esta cortina. Permítame.

Corrió las telas de rústico material opaco y a las cuatro de la tarde en Salzburgo el sol era lo bastante sureño como para incendiar de luz el recinto privado de Torrentes. Sólo en el gabinete del doctor Frankenstein, pensó Jerónimo, podrían encontrarse semejantes parafernalias. Dentro de una bañera, entre jarros y palanganas, había fierros que se elevaban cual antenas, piedras de galena con vetas resplandecientes, líquidos de colores inexistentes chirriaban cuando por un par de segundos se les inyectaba una chispa.

Torrentes miró con alborozo lo que el otro admiró con pavor. En una súbita intimidad prendió el codo del joven y sacudiéndoselo cual si tuviera ante sí una visión de la Tierra Prometida, dijo:

—Vea usted. Todo el problema para evitar los ruidos, es suprimir la estática. Si lograra conseguir que la acción de esa chispa fuera continua y no alterna la recepción se limpiaría y hasta se podrían oír nítidamente las obras de Mozart que transmite la Filarmónica de Londres. Austria, mi señor, promueve los negocios, pero no el arte. *Oh, my God*, su señor padre debe odiarme.

—Bueno, murió ayer.

—Debe haberme odiado mucho.

—Con entusiasmo, señor Torrentes —dijo Jerónimo regalándole al pequeño inventor una súbita notoriedad de deudor que intuyó el hombrecito agradecería.

—Pero si la chispa deja de ser esporádica y logro que sea continua le pagaré con creces todo lo que le debo.

—No debe afligirse tanto por eso. Permítame pues que sea su asistente, pues tengo un profundo interés en el mundo de la radio.

—De acuerdo.

—Le pagaré por sus clases y por aprender qué pasos ha dado para eliminar la estática.

—Encantado, joven Franck. Pero no es necesario que me pague.

—Oh, sí. De todas maneras.

—Digamos un *schilling* por día.

—De ninguna manera. Aprecio enormemente su talento para mostrarme tacaño.

—Usted dirá entonces, joven.

—¿Cuál es el total de la deuda que tiene con el banco, señor Torrentes?

El hombre se echó a reír y otra vez su capacidad motriz se le desarticuló golpeándose la nuca contra el calendario.

—He perdido totalmente mi memoria. No recuerdo dónde nací y rara vez hablo español. Imagínese si me acordaré del volumen de mi deuda externa.

El flamante huérfano extrajo del bolsillo interior de la chaqueta su chequera empastada en cuero verde y con una pomposa letra que no delataba su ignorancia en el ramo llenó un ejemplar por dos mil *schillings* y se lo extendió exclamando «*voilà*».

—No entiendo por qué me hace este favor inconmensurable. Esta cantidad de dinero escapa a mi imaginación. Es la suma de muchos años de fracaso. ¿Por qué lo hace, mi buen amigo?

—Por amor al arte, maestro.

—Querrá decir por amor a la técnica.

—Transemos en «amor a la poesía», señor Torrentes. Yo tampoco aguanto ni la sinfónica de Salzburgo ni a su director, el tal Braille.

—Ni me lo nombre. Era un pésimo primer violín, un rascatripas...

—... ¿Con estática?

—Eso es. Un Salieri. ¿Cuándo comienza la primera clase, entonces?

—Ahora mismo, señor Franck. ¿Le preparo una taza de té?

—Con mucho gusto —dijo el aprendiz Franck estirando los brazos en un bostezo triunfal.

16

Él mismo se propuso cambiar de rumbo y se montó al primer barco que enfilara al sur. El destino del *Valeria Luperca* era Grecia mas el capitán tenía la costumbre de calafatear en algunas islas menores en cuyos bordes tiraba bolsas de contrabando hacia unos botes donde los remeros parecían reclutados en la cárcel. A Jerónimo la dilación no lograba afligirlo.

Quería otro ritmo, un tiempo diferente, espacios menos poblados, reencuentros con el sol y el aire que tallara algo más viril en su rostro pálido. La coyuntura era óptima. Por ejemplo, un joven poeta francés había huido hacia África con el ansia de descongestionar su alma occidental, y según el *Salzburg Nachrichten* tuvo tal éxito en su empeño que hasta había dejado de escribir, a pesar de que el mismo Verlaine lo tuviera por un genio.

Al arrimarse el navío a una isla del archipiélago, le llamó obsesivamente la atención la feroz presencia de una campana en la iglesia desproporcionada para la torre, el territorio y la zona. Esa bomba sonora se merecía una catedral antes que esos potreros. Así, no tuvo problemas en inferir que si los habitantes aceptaban esa extravagancia, perfectamente podrían tolerar otra. Le pidió al botero contratista que lo llevase hasta el muelle, y se informó con el instinto empresarial del viejo banquero Franck acerca de cuáles eran las mayores carencias de Gema.

El remero concluyó lúgubre que esta isla era la más dejadita de la mano de Dios, aunque la adornaba la fama, señor, de producir las chicas más bellas de Costas de Malicia, todas «vírgenes y calientes» «hasta que se casan». De aquí nadie emigra —informó el patibulario— pese a que no falta la oportunidad, pues tras tirar una migaja de contrabando los barcos zarpan con infinitos rumbos. Y es que eligen mujer desde la niñez y la sola idea de dejar expuesta su eventual novia a los excesos hormonales de otros candidatos los «atornilla» a este puerto.

Por cierto, caballero, hubo días de gloria, aunque jamás de riqueza. Imagínese que existía en Gema una gran tienda al más fastuoso estilo de los almacenes de Constantinopla o París. Estaba allí, en esa mansión azul con el mástil blanco, y los buques la proveían de alimentos esenciales o de vituallas exóticas. Hoy usted la ve así, desteñida, descascarada, los vidrios quebrados, guarida de ratas y de gatos, nido de murciélagos, cagadero público. Pero la hubiese conocido hace diez años. ¡Qué finura, qué abastecimiento, cuánto marinero, qué de fiestas!

Aun sin trabajo la gente podía vivir de los residuos que dejaba el tráfico a su alrededor.

Vides, aceitunas, peces, algo de mármol, aceite, tantos productos naturales. Pero la filoxera despobló las viñas. Nuestros vinos se compraban en Francia. Los italianos y griegos venían para la cosecha. Y después cerró el almacén por razones que prefiero guardarme, señor. Una tragedia sin nombre, señor.

Durante las invasiones, patrón, los bárbaros se han abstenido de quedarse en la isla por los costos humanos de una operación así. Los turcos lo intentaron una vez y los mandaron de vuelta a casa con las cimitarras hundidas en las gargantas. Aquí la única manera, caballero, de establecer una cultura, una civilización como la austríaca, sería pasar a todos por las armas y repoblar la isla con gente de trabajo y esfuerzo: chinos, japoneses, protestantes ingleses.

A Jerónimo la charla con el botero le resultó más instructiva que muchos años de academia. La descripción de esa nada era casi celestial. En su valija traía suficientes libros para matar algunos meses, bastante dinero con que conseguir pejerreyes fritos y vino, y suficiente salud y pinta como para buscarse una novia entre las linduras tan líricamente destacadas en el informe. Su sapiencia del *Código de Derecho Internacional,* capítulo «Aranceles», serviría para mantener a raya a los funcionarios de impuestos y con la persuasión de pequeños chantajes acaso llegara a construir una red de proveedores ilegales que le permitiesen establecer una bodega, y quién te dice si a la larga no pudiera construir un sobrio almacén con tapices, gobelinos, madera bien pulida, cortinajes, y un buffet de cuero, mejor que el anterior. El local ruinoso lo conseguiría a precio de ganga, si acaso la municipalidad no se lo regalaba atendiendo al influjo del imperio en sus desganadas colonias.

En el muelle se hizo informar si alguna familia sin descendiente había perdido su último miembro y si una casa desalojada en esos arrabales del mundo podría servirle de reposo a sus huesos esa noche. Pero cuando al día siguiente compró la mansión azul extendiéndole un cheque de retórica caligrafía al tesorero municipal, Lucas Lausic, se echó a circular la especie de que el forastero traía intensiones aviesas. Una vivienda de esas dimensiones con tantos balcones, cuadros y patios secretos, no podía ser la guarida de un solitario.

En la parte de atrás de su cabeza el austríaco no podría andar pariendo otra idea que la de un lupanar. Desde el primer día los isleños comenzaron a tallar a Jerónimo en sus prejuicios. En medio de la ausencia de acontecimientos, la novedad de su llegada se abultó a límites míticos. El malvado invasor se proponía ir arrancando de sus dulces hogares las más bellas nativas y se las ofrecería por fortunas a marineros que obligatoriamente harían escala en esa nada sólo por la fama de la frescura e inocencia de esas muchachas que hacían soñar a los varones «pobres pero honrados» con el consuelo de una boda, fundamentada en la historia común, en los lazos de sangre y en la esperanza de mejores días.

Contra esa teoría adversa a Jerónimo se alzaron los realistas funcionarios municipales una vez que comprobaron que el cheque tenía fondos y el mismo cura de Gema quien percibió que con la intromisión de ese extranjero rico su iglesia iba a mejorar de jerarquía. Malamente se le podían exigir limosnas a los fieles que vivían de ellas. Si no fuera por las especies, el vino, y las aceitunas, que los isleños le traían los domingos, el tenaz sacerdote ya habría muerto de hambre. Si la diócesis creciera tal vez fuera posible tramar con algún ingenio el pedido de una subvención al arzobispo de Agram. Probablemente, argumentó para sí el cura, el extranjero concebía un burdel dada la posición estratégica de la isla entre Europa y Grecia, país que para ellos era algo así como el polo sur. Pero, discutió encendido contra los recelosos, jamás de los jamases se expondría el apuesto y maduro inmigrante a los puñales de los padres virtuosos y los novios inquietos. Antes bien, sabedor por alguna enciclopedia de los cuchillos filudos de los nativos, su objeto con un «centro recreacional del placer» sería mitigar los ardores de la espera masculina trayendo mujeres de otros puertos, expertas en danzas del vientre, foxtrot americano, shimmy, charleston, y quizá turumba.

Una semana más tarde, el cura pudo observar, mediante la reji-lla del labradísimo portón con motivos de San Francisco y el Lobo, a Jerónimo, la mandíbula suelta hasta el empedrado, estudiando el milagro de esa campana de quinientas toneladas, grácil cual mariposa en su torreón.

Consciente de la alta curiosidad de los forasteros y turistas, por ese prodigio de ingeniería, el padre había escrito los antecedentes del milagro en un pergamino que ajó bañándolo en linóleo y espe-cies árabes. Esta travesura le daba al documento una pátina renacen-tista. En él, Miguel Ángel, el mismo que viste y calza, afirmaba que con la mano de Dios y su cabeza había logrado hacer volar una vaca, y no sólo eso, sino que de la feliz experiencia había inferido que era posible diseñar cuerpos mecánicos voladores que llevaran cual pajarracos de piedra a los hombres de un país a otro por los aires. El padre Pregel, con semejante documento presentaba a Miguel Ángel como precursor de la aviación, y a la humilde isla, «donde él servía a Dios sin otras retribuciones que pecados en el confesionario y aceitunas en la bolsa de limosnas», como el sitio ins-pirador donde el multigenio había concebido desde el aeroplano hasta la capilla Sixtina.

«En cualquier lugar del mundo esto sería, señores, una reliquia, acaso un monumento nacional, un tesoro de la humanidad. Pero la lejanía ha castigado a Gema con la indiferencia por su historia, arte y cultura. Por mucho menos que esta campana capaz de horadar la tierra hasta el averno si cayera de su mágica posición se celebra el ingenio de los arquitectos egipcios y sus pirámides y se confeccionan oraciones en Lourdes por un par de milagros tan enternecedores cual poco científicos. Si los turistas ofrendaran un óbolo, cierta donación de carácter visionario, propio de los mecenas, él podría convertir este trozo bárbaro de naturaleza en historia, acaso en lugar de peregrinación.»

Con la pluma entre los dientes mostraba a continuación una breve lista de turistas dadivosos que habrían hecho aportes a la Iglesia, cuyos nombres serían grabados con cincel en la campana de Miguel Ángel para gloria de sus familias y de Dios, el día en que el Santo Padre en persona declarara ese templo cenáculo sagrado de la humanidad. Infaliblemente caía entonces un marco, cierta libra, acaso un franco en la alcancía, y el cura sólo lamentaba la escasez de veraneantes y la abundancia de fugitivos de la justicia que desembarcaban por algunos minutos en el puerto para protegerse de la justicia. Si alguien consiguiera que más gente visitara por cualquier otro motivo la isla, su servicio al Señor se vería considerablemente recompensado. De modo que pese al pujante sol de mediodía, salió con la mano presta para estrechar la del extranjero, y se puso, barbilla suelta, a observar con Jerónimo el imposible equilibrio de esa campana.

El hombre lo saludó oficioso y de inmediato apuntó su índice hacia la torre.

—Padre, yo como todo el mundo soy un poco ateo y otro tanto creyente, de acuerdo con las circunstancias. Entonces le ruego que me trate como un adulto racional y no me venga con milagros ni macanas. He estudiado un poco de ingeniería a partir de ciertos problemas relacionados con la estática, y a simple vista, salvo que la campana sea de cartón, lo que estoy viendo me parece imposible.

El cura se aclaró la garganta para su discurso rutinario y acarició en el bolsillo de la sotana la llave de la cripta con el manuscrito de Miguel Ángel, cuando una herejía desplazó en un solo aliento el texto turístico de su boca. En vez de comenzar con un sonriente «Miguel Ángel», dijo:

—Un burdel.

—*Wie bitte, Vater?*

—Lo mejor es que usted instale un burdel. Los inconvenientes son pocos y las ventajas muchas.

El heredero del banquero Franck bajó detalladamente la vista por la frente del sacerdote y hasta se entretuvo en las frondosas cejas caídas hacia el suelo, como la caricatura que hacen los niños de un hombre triste, antes de desafiarlo con sus pupilas penetrantes.

—Padre, conozco bien el alemán y tengo la práctica del malicioso. Pero cuando usted dice «burdel» se refiere, perdone la grosería, ¿a lo que se conoce como «una casa de putas»?

—Exactamente, señor. Lo que le conviene a esta isla es instalar una casa de putas.

El extranjero se palpó los bolsillos en busca de tabaco. Le extendió un cigarrillo al padre, que aceptó sin vacilar, y encendió ambos cilindros.

—¿Cómo llegó, padre, a la peregrina conjetura de que es ése el aliento que me ha traído a Gema?

El cura aspiró hondo un par de veces para evitar que el fuego se apagara.

—A través del análisis objetivo de deberes y haberes. O mejor dicho, tras un largo catastro de las carencias que impiden el ascenso eclesiástico a un cura de última categoría como yo.

—Padre, estoy muy interesado en lo que dice, pero me temo que estamos ante lo que en arte dramático se llama una *Gegenbesetzung*.

—Hace años que abandoné el seminario. ¿Me podría ilustrar sobre el punto?

—Por cierto. En teatro se llama *Gegenbesetzung* al acto mediante el cual se llena un papel con un tipo moral y físico que no corresponde al personaje. Por ejemplo, elegir para el papel de Jesucristo a alguien que es rojo, maneja una horqueta, tiene cachos, huele a azufre, y escupe dragones por los hoyos de la nariz.

—Me parece tan horroroso lo que cuenta, que temo que sea una suerte de indirecta.

—¡Qué indirecta ni perro muerto, padre! Si lo he entendido rectamente usted es el primer cura en la historia de la humanidad que propone la erección de un burdel. ¿De qué se ríe?

—De la palabra «erección». Me parece muy *ad hoc.*

—Veo que conserva muy bien su latín.

El cura envolvió en un abrazo al forastero y lo condujo hasta la sombra más cercana. Aspiraron un par de veces el tabaco, y entonces el padre dijo sentencioso:

—Una casa de putas *y* un almacén.

17

Aunque la mayoría pensaba que Reino era capaz de marchar sobre cadáveres y hasta bailar turumba durante los funerales de su madre, también esa noche sucumbió al desvelo. El sueño lo esquivaba en primer lugar por el amorío de Esteban y Alia Emar. Esa historia de melindres melifluos, poemitas anónimos, ternura frente al enemigo, elogio de la pasividad, no le gustaban nada. Él no había sido agraciado con la torpeza del amor, mas de haber estado en el radio fatuo de Alia Emar hubiera cedido a su instinto la prioridad y habría hecho estallar el himen de la novia en cualquier roquerío aunque mañana el austríaco le rebanara los testículos colgado de un cadalso en la plaza del pueblo. La chica era guapa, pero al modo como lo son todos los ángeles perversos de diecisiete años que mezclan las ganas con la inocencia.

Era la hora de la acción política, y ver a alguien de su propia sangre, un descendiente de los Coppeta en esas dilaciones vaporosas lo sacaba de quicio. Si los austríacos ahora lo mataban —primero el del almacén y luego el batallón que vendría a perfeccionar una represalia— entregaría su alma al Señor en la candidez incontaminada con que éste lo puso en Costas de Malicia. Moriría sin fornicar y sin haber tocado el enemigo. En dos instancias excitantes, el pobrecito hermano habría renunciado a la gloria que la historia le ofrecía.

¡En fin, mariconerías dignas de Esteban! Porque lo cierto es que después de la borrachera y de morder las nalgas y lamer los pezones de las chicas en el baile nupcial, tendría que conservar lucidez para preparar la fuga. No quería ver a Tebi perforado con la bayoneta de los austrohúngaros ni a sus diez secuaces trozados presa a presa en el muelle de la isla, ser escupidos al mar cual carnada para las agudas sierras. Su pequeño pelotón seguía sonambulizado por los asesinatos. Por cierto irían a la fiesta nupcial y tras dos o tres slibovitzas abandonarían la metafísica y las amapolas por senos, muslos torrenciales y forcejeos eróticos. Pero con la cabeza en las fragantes zorritas de las bellezas locales, ¿quién iba a ser el lúdico estratega que organizase la fuga cuando los ejércitos cargaran belicosos desde el horizonte rebanando páncreas, cuellos, y penes?

Otro tema le cortaba el aliento. Con el amanecer, la sirena del barco remeciendo las piedras, llegaría el lechero, quien depositaría en el escaño de su puerta su desayuno, junto a la edición nacional de *La República* que se imprimía en las rotativas de Aspalathon. El jabonoso Pavlovic se había comprometido a salvaguardar la dignidad de su nombre contando, *según él se lo narró,* lo ocurrido en la fragata fantasma con lujo de detalles pero con tal despliegue metafórico que el honor de Reino quedaría tan alto como oscuros para Esteban los hechos. ¿Qué habría querido decir con la frase de que «una metáfora oculta tanto como muestra y muestra tanto como oculta»? Su mundo era tajantemente claro y ahora una corte de lameculos, cínicos y cobardes pretendían turbarlo, mitigar su energía con lágrimas y «metáforas». ¿Qué habría escrito mediante sus servicios confidenciales el «patriota» Pavlovic? Si se excedía un milímetro en lo que había sabido sugerir sin nombrarlo, su hermano Esteban, en un arresto emotivo, podría privar a los austríacos el placer de molerle en vivo las pelotas cometiendo un perfecto fratricidio. ¿A quién mierda, salvo a su padre, podría importarle el pellejo y el gelatinoso contenido del cuerpo de Wolf Michael Pretzlik?

¿Qué tenía que meterse su propio hermano a sembrarle la confusión en el cerebro y en sus claras manos? Si acaso la piedad estuviera tan democráticamente repartida como las hormigas y el musgo en los entreveros de las paredes tal vez una suerte de ternura le brotaría espontánea. Pero ese sentimiento lo había consumido a los once años. Tebi y él rogaban de rodillas a Dios que su madre no muriese. «No hay remedio —les dijo el cura—, el cáncer va derribando los huesos masivamente. Morfina para mitigar el sufrimiento es la única receta, pero cuesta dinero.»

Años más tarde cuando en un día de lluvia los dos hermanos se arrodillaron ante la hostia, el padre se detuvo ante ambos y les dijo: «Habéis crecidos solos y cristianos y os doy mi bendición y os declaro dignos de José Coppeta y de vuestra madre. Oíd por única vez lo que la santa señora me confidenció en su último suspiro: *En cada hombre hay un lobo y un cordero. Reino tiene mucho de uno y nada de lo otro. Esteban tiene mucho de lo otro y nada de lo uno. Haga usted, padre, que reconcilien las bestias que llevan dentro.*»

Los recuerdos suavizaron sus tensiones y se quedó dormido en la hora más inoportuna. No oyó llegar al lechero y en vez de encontrar *La República* junto al jarro de hojalata, tuvo que confrontarse con un mensaje escrito a mano y sujeto por un puñal clavado en el escaño de madera.

Hermano:

Sólo resta una forma de establecer la muerte entre nosotros ya que carezco de valor para quitarte la vida: no quiero verte nunca más y para evitarlo me marcharé hoy de esta isla, sin rumbo cierto pero para siempre. Vi saltar la nuez de tu garganta cada vez que tragabas saliva y no pude emplear el cuchillo, como si la mano de mamá o de Dios me hubiera detenido con fuerza la muñeca.

Esteban.

Reino bebió un largo sorbo de leche directamente del jarro vacilando entre la tristeza y la ira. Consecuente con las palabras, Esteban había desalojado sus camisas, zapatos y pantalones del armario, y huido con el viejo bolso de cuero curtido del padre Coppeta. Fue hacia la casa del vecino y levantó su cubículo de leche para sacar *La República*. El título ocupaba exactamente la mitad de la primera hoja y las tres palabras parecían saltar en relieve desde la tinta: «LA NOCHE DOBLE.» El muchacho corrió hasta su cuarto y arrojándose en el lecho leyó el artículo rajándolo con los ojos.

18

Qué magnífica doble fiesta para comenzar una nueva era! Un tiempo de amor y dignidad. De promesas románticas y realizaciones. ¡Qué día el de hoy cuando todo el pueblo celebra las bodas de dos ilustres hijos de nuestra isla! La inigualable Alia Emar posará su divino cuerpo en el lecho del avecindado caballero Franck quien tras años de celibato, sólo mitigados por el éxito comercial de su empresa de abarrotes, rompe hoy sus votos de tristeza para desposar la más bella de nuestras doncellas. Jerónimo Franck será uno más de los nuestros y como tal debemos respetarlo y quererlo. Él vino aquí con el corazón abierto hace una década, y se instaló en estas tierras rudimentarias por amor a su paisaje, por devoción a la paz en que vivíamos, y por la pasión que desencadenó en él Alia Emar.

No reiteremos hoy las habladurías, hipótesis extravagantes, chismes xenófobos, que han nutrido nuestra ínfima historia, poniendo un accidente de amor, como el de Marta Matarasso y Stamos Marinakis, a la misma altura mítica de las hazañas de José Coppeta o del milagro de ingeniería que supuso hacer levitar la campana de bronce hasta la cúpula hecha con tela de cebolla de nuestro templo único mayor.

Esta noche iremos a la iglesia a entregar nuestros parabienes a los novios, a llevarles los modestos regalos que nuestra economía aledaña y deprimida permite, y a bailar vals y turumba hasta que los cuerpos y las almas queden exhaustas.

Pero no sólo habrá dicha nupcial en las próximas horas. Nuestro pueblo y el mundo entero, a través de esta crónica, han de saber que mientras se preparaban los rituales del fausto acontecimiento, un grupo de los jóvenes más granados y valientes de la isla abandonó el proscenio de los placeres para cumplir en la sigilosa discreción de la noche una tarea patriótica que algún día —en tiempo de libertad— los pondrá en el mármol de nuestras efemérides.

Mientras se desplegaban cortinas y los músicos importados afinaban sus violines zíngaros en el salón Lucerna, un puñado de héroes, ninguno de ellos mayor de veinte años, se dispersó estratégicamente por la isla para hacer frente a una sibilina y fantasmal invasión del ejército austríaco que en las tinieblas de las playas desembarcó con el propósito de reclutar contra su voluntad a nuestros muchachos, concentrados en los preparativos de la fiesta, y de degollar, a vista y paciencia de sus madres, a todos aquellos que se resistieran al ignominioso reclutamiento para servir a una potencia extranjera.

Nuestros chicos, haciendo gala de valor y silencio, para no alarmar a madres ni novias, coparon las amadas arenas de nuestra infancia y brindaron con rudimentarias armas cortantes una desigual lucha contra batallones dotados de la más moderna tecnología bélica.

Pero cuando la justicia y la dignidad animan los corazones las desventajas materiales se transforman en virtudes, en estímulos, en gloria. Dotados de la invencibilidad que protege a los dioses, los bravos muchachos se dispersaron en escaso número para dar cuenta de un contingente acaso diez veces mayor. Tanta agua contiene el mar, tanta sangre enemiga absorbió la arena patria. En ella crecerá altiva la flor de la libertad.

En el despliegue de su ardor guerrero actuaron instintivamente guiados por una estrategia que ya en 1513 Niccolò Maquiavelo sugirió en El príncipe:

«A los hombres hay que perdonarlos o destruirlos ferozmente, ya que si se les causa sólo una ofensa moral van a tomar venganza; en cambio, si se les causa un daño enorme, serán incapaces de replicar y así no habrá que temer de ellos el desquite.»

Un incidente del cual fue testigo este cronista prueba este acierto y destella con fulgor propio en esta luminosa jornada bajo la luz de la luna. Diezmados los emisarios de la esclavitud, sólo cabía cerciorarse de si en la poderosa nave de la cual habían desembarcado se encontraban aún otros invasores. En la temeraria noche, con coraje unánime, se sumergió en el tormentoso mar uno de nuestros hijos. No me tiembla la voz ni la pluma al revelar su nombre para depositar en una persona concreta el óbolo que le debemos a todos estos magníficos. Lo nombro, no sólo por la específica grandeza de su hazaña, sino porque con ella ha renovado los laureles de esa familia luchadora que perdió al más epónimo de nuestros hombres en lucha semejante. Señoras y señores: estoy escribiendo aquí, con letras de oro, el nombre de Reino Coppeta, hijo de nuestro José Coppeta.

El audaz joven nadó con braceadas apolíneas hasta la ominosa nave despreocupado de que la claridad de la espuma delatara su presencia. Con arrojo y la elasticidad de un felino trepó por estribor el bien pertrechado barco y blandiendo sólo su libertario corazón y un puñal de tajante filo hizo su entrada al cuarto del timonel, en cuyas sombras acorralado por la cobardía de no haber caído junto a su tropa en las arenas, un soldado se convulsionaba preso de vergonzosas lágrimas. Al ver la irrupción de Reino Coppeta, el vil sujeto se arrojó a sus pies y pidió clemencia, invocando a Dios y a su madre viuda. Esas lágrimas de hombre, antes que ablandar el corazón del hijo de José, lo inflaron de vergüenza ajena, y sin vacilación rebanó con tal entusiasmo la yugular del austríaco que la cabeza por poco se desprende del cuerpo.

Luego, con una disciplina desafiante a todo el Imperio Austrohúngaro, escribió con la sangre del lobo derramada una nota breve y rotunda: «Bien-

venidos.» Triturando con fuerza ciclópea la cadena del ancla que mantenía la nave inmóvil, hizo que el mar la arrastrara a barlovento. Allá van, hacia la nada, el cadáver y el mensaje. Juntos navegan hasta que algún náufrago los encuentre y murmure temblando de horror: «Dios se apiade de quienes se atrevan contra los bravos de Costas de Malicia.»

¡Así que a celebrar, amados compatriotas: Que salte viruta del piso bajo el estruendo de la turumba, que el vino fluya en cascadas báquicas por vuestras gargantas, que las muchachas nos den la alegría de la danza y el perfume de sus corpiños, que el amor encienda cual explosión de luciérnagas los cuerpos de los amantes, que la pareja nupcial vuele en las sábanas de seda hasta muy adentro del cielo, que los hábiles digitales del maestro Policzer exciten de fiebre al violín, que los arpegios del piano nos subleven con su rapsodia, y que brame la naturaleza saludando a esta doble noche de libertad y amor!

Pavlovic, corresponsal.

19

La flota Jordan destinó su barco más grande a la isla. El entusiasmo por la boda prendió en las aburridas vecindades y el rumor de que algo muy especial ocurriría por la noche del sábado agotó los pasajes de tercera clase, los de cubierta, y por cierto la cabina de lujo que se eleva sobre el puente de mando. Dos pasajeros privilegiados ocupaban aquellos fastuosos camarotes. Uno de ellos era Paula Franck, quien traía no sólo el detalle de las últimas ganancias del banco, sino además un par de kilos de la prensa austríaca donde los editorialistas pronosticaban que la monarquía, desangrada por la desidia y la falta de imaginación, sólo podía levantar al Imperio iniciando una acción bélica hacia el sur que levantara los ánimos y mostrara la patria aguerrida ante los vecinos del norte. El Sur era para Paula Franck ese potrero bárbaro que se extendía hasta las inútiles islas de Costas de Malicia. Una Austria exangüe sólo podía reanimarse ganando algo por abajo para impresionar a los de arriba.

Su pobre hermano bohemio había optado por esas lejanías y ahora aportaba a su torpeza con un óbolo mayúsculo: contrayendo matrimonio con una isleña sin alcurnia ni dinero, sin territorios ni expectativas, sin un idioma imperial y carente de madurez para aparejarse con un inminente cincuentón. Ella, en cambio, le había sacado lustre a su apellido y a su banco casándose con el nobilísimo Tadeo von Auertal, quien se mostró sensible a sus encantos justo en una coyuntura de despilfarro familiar que había llevado a su aristocrático padre a hipotecar en la Banca Franck todos sus bienes raíces. La última carta del anciano fue para sugerir a Paula que a falta de otros recursos y ante la imposibilidad de que un hombre de su jerarquía fuera a la cárcel, lo mejor era unir la prosperidad bancaria con la tradición terrateniente, es decir, consagrar la alianza del capital con la clase y engendrar esa modernidad que le hacía tanta falta a Salzburgo.

Paula dudaba que en caso de guerra las posesiones de un austríaco en territorio enemigo quedaran sin confiscar, y el veterano abogado que les había leído hacía lustros el testamento, le aconsejaba ahora que le ordenara a su hermano escapar de esos parajes desnudos, pero aptos para masacres de las cuales no se enterarían sino las aves de rapiña.

La desidia y la bohemia lo habían enterrado en esos arenales con sus monótonos festines de aceituna y vino blanco, en vez de zarpar hacia los desafíos del siglo, que recién inaugurado, prometía progresos tan enormes que antes del 2000 los hombres podrían volar y la medicina los haría inmortales. Su objetivo primero y principal era ése: convencerlo de que levara anclas con su barquito hasta cualquier costa extranjera, aunque fuera meramente la italiana, y de allí se fuera caleteando hasta Norteamérica donde podría por ejemplo abrir un cine. Ése era el negocio de la década. Llenar la cabeza de la gente con imágenes que les hicieran olvidar sus rudimentarias vidas. Todos sin excepción quieren olvidar algo, por eso contar historias en la pantalla resultaba tan lucrativo.

No iría tan al grano. Aguardaría la fastuosa eyaculación del hermano menor y la dicha de la novia, y en el desayuno triunfal del mar Adriático sabría persuadirlo con vocablos documentados en la más reciente prensa que emigrara. «¿Cuándo?», le preguntaría Jerónimo. «Ahora –diría ella–. En el fondo, te propongo una luna de miel sin boleto de regreso. Un rapto a la árabe. Tú y tu joven putita meciéndose en las olas del Atlántico, y cuando te canses de sus orgasmitos, contratas un buen abogado neoyorquino que los divorcie.» Antes, tras partir la torre de la torta matrimonial, le habría entregado el magnífico regalo que le encargara al mejor joyero de Múnich: una brújula de oro. «Para que te orientes, hermanito», le espetaría con una sonrisa maléfica.

Algo, no obstante, la inquietaba en esta travesía más diplomática que sanguínea. ¿Quién era ese insignificante hombrecito que cubierto por una capa portuguesa esquivaba sus rotundos saludos de seca cortesía cubriéndose la cara y que abandonaba las lujurias de la primera clase hundiéndose en las sofocantes bodegas de la nave? Exhibía la actitud de un ratero o empleado de una notaría a quien su familia le ha financiado una jira que no está a la altura de sus medios. ¿Y qué lo entretenía en esas profundidades donde podía imaginarse remeros de Madagascar azotados por un pirata impío acelerando la nave hacia Costas de Malicia?

De pronto, en el vaivén de las noches cerradas, un extraño resplandor se escapaba por los intersticios del bajel, y una suerte de relámpago encendía el océano para disolverse en franjas de espuma. Así como el zigzag del rayo en el cielo venía precedido por un trueno, la misteriosa claridad ocurría tras una vibración inconfortable, al modo como la bala plateada sigue al estruendo de un cañón. Las sospechosas operaciones coincidían con el descenso del hombrecito a los reinos de Neptuno, y Paula decidió que en un próximo encuentro casual lo abordaría con la autoridad que le daba su riqueza y su nueva aristocracia.

La madrugada del viernes, el barco bordeó la costa del continente antes de enfilar hacia los islotes y de pronto la mujer fue despertada por una irradiación mágica que incendió por un minuto su camarote cual si la luna hubiera estallado en su lecho. Corrió hacia el ojo de buey y pudo ver una poderosa flota anclada frente al puerto de Aspalathon. En cada nave supo reconocer el escudo del imperio y una fulminante conexión se hizo en su mente entre esas fragatas y los desfiles de trabajadores frente a su banco en Salzburgo: «No tenemos trabajo. Vamos a la guerra, carajo. Tenemos mucho que temer, pero el ejército nos dará de comer.»

Salió a cubierta, y rápidamente se ocultó en el pasillo, al ver al mínimo sujeto que la obsesionaba envuelto en un grueso chal con motivos folklóricos andaluces aguardando la lucidez del amanecer. Refrescó la garganta con un sorbo de saliva, y aprovechando que el personaje estaba preso en sus sueños y hundido en la silla de lona a rayas azules y rojas, lo llamó autoritaria.

–Buenos días, hombre.

Por cierto que supo decir «hombre» con un tono que gritaba «hombrecito».

Si éste hubiera tenido en ese instante una copa en las manos se hubiera estrellado en cien fragmentos sobre la cubierta.

–Buenos días, doctora Franck.

–Veo que conoce mi nombre, amigo. ¿Viene usted de Salzburgo?

–Oh, sí, madame. Exactamente de la Kommerzgasse.

–Una zona muy prestigiosa.

–El azar, más bien el paso del tiempo, dejó mi humilde tienda en las cercanías de su banco, doctora. Soy indigno de su vecindad y de su charla. Excúseme, lady.

Hizo un esfuerzo por alzarse de la mañosa silla playera, y al no lograrlo, Paula depósito una mano fraternal en su hombro y lo puso con ternura de vuelta en la lona.

—Por favor, no se retire aún. Es un placer charlar con un compatriota en estos mares ajenos.

—Oh, no, señora. Mi charla carece de cultura. Conozco muy bien su rango social. Su excelencia contrajo además matrimonio con el barón von Auertal.

—No ignora detalle de mi vida.

—Es que de cosas como ésa habla… perdone mi grosería… soy un paria… en todo sentido un paria.

—Diga de una vez, hombre.

—La prensa de Salzburgo. La mediocre prensa de Salzburgo.

—¿Y de qué debieran hablar entonces?

—De las cosas que pasan en el mundo. Es posible que el Partido Social y el Partido Alemán Reformista se unan en una sola gran coalición.

—No veo en qué lo puedan a usted afectar esas alianzas.

—Ah, doctora. Alemania y Austria. Son como el culo y el pañal. Se vienen tiempos feroces. Y no hablemos de la música. Han tocado a Schönberg en Viena y tras el escándalo nadie ha dicho nada.

—Igual que a usted Schönberg me revienta.

—Me complace que una persona de tanta alcurnia coincida con mi modesta opinión.

Paula se estremeció con una súbita brisa fría y exageró el temblor haciendo castañetear los dientes en forma cómica. Si no salía ahora de su empacho pasaría la fiesta de bodas con las amígdalas inflamadas.

—Perdone mi curiosidad, señor…

—Oh, mi nombre y mi persona son irrelevantes, madame.

—No crea que lo espío, pero en ocasiones lo he visto bajar hasta la bodega del barco. Pues bien, cada vez que lo hace, a los pocos minutos, tras una batahola infernal, he visto extraños reflejos sobre el oleaje.

—He perturbado su sueño. No sé cómo disculparme, baronesa.

—Está todo en orden. Es sólo que quisiera saber. ¿Qué son esos rayos blancos y persistentes que parecen tatuar con su luz el océano?

—Oh, es un invento. Horriblemente impráctico y falible.

—¿Cuál?

—¿Se ha enterado usted que el profesor Langmuir inventó la ampolleta eléctrica rellena con gas?

—No tenía idea.

—Eso va a desembocar en el alumbrado público. Los crímenes en Viena disminuirán. No habrá sombra en los callejones que protejan a los asesinos. Aunque cuánto me gustaría que alguno lograse degollar a Schönberg.

—¿Y qué lo une a usted con el señor Langmuir?

—El interés por la luz. Mas lo que nos separa es el talento. Y los medios. Imagínese que él tiene un inmenso laboratorio y abundantes asistentes y yo sólo cuento con mi ignorancia.

—¿Y detrás de qué anda usted, querido amigo?

—La bujía eléctrica sin gas.

—Pero, profesor, si usted lograra eso ya lo veo coronado con el premio Nobel.

El hombre se apretujó dentro de la frazada protegiéndose tanto de la ironía como de sus sueños de juventud: la gente está en la tierra para intentar la gloria o nada. «Nada», se dijo con melancolía. Mas corrigió con el esbozo de una sonrisa: «Casi nada.» Si hubiera tenido la educación, los materiales, relaciones internacionales, idiomas, un mecenas más tenaz que su único e inconstante ángel de la guarda. Pero su único capital habían sido las ganas.

—¿Sabe que este año le han dado el premio Nobel de Literatura a Rabindranath Tagore?

La banquera se frotó las manos deseosa de tener una cubierta tan acogedora como la del «inventor». Sin embargo el frío acicateaba su curiosidad.

—Se ha transformado en un premio cada vez más exótico. ¿Le pondría usted a un hijo suyo su nombre como Rabindranath?

El inventor se golpeó las mejillas con una alegría casi infantil.

—Si yo hubiera tenido el infinito honor de que una mujer se interesase en mis tristes huesos, y me hubiera dado un hijo, orgulloso le habría puesto el nombre de alguien que escribió: «Mis días y mis noches se me han ido en vano entre sabios y discretos; el mucho saber me ha puesto blanco el pelo y mucho velar me ha quemado los ojos. Mientras yo buscaba y ordenaba trocitos y andrajos, mis años se secaban. ¡Destruye tu tesoro, baila sobre él, mándalo al demonio! Que ya sé yo que la mayor sabiduría estriba en beber y ser un perdido.»

El día comenzaba a insinuarse y algo adormecidos por los versos del poeta indio los interlocutores callaron y permitieron que sus pensamientos vagaran por los contornos de los primeros islotes que veían desde que avistaron la flota. Desde un lugar imprecisamente remoto los alcanzó el sonido de cuatro campanadas. Paula consultó con precisión militar su reloj de cintura haciendo saltar la tapa de oro, e hizo un gesto de desesperanza.

—Tocan cuatro campanadas pero apenas son las tres.

—Lento o rápido igual no se llega a ninguna parte. No lo digo por usted, doctora Franck —corrigió deprisa, aceptando la ayuda que se le ofrecía para abandonar la silla. Ese súbito contacto físico animó a Paula para apretarle el codo en actitud compinche.

—Los rayos sobre el mar, amigo. ¿Qué son?

—Luz.

—¿Eléctrica?

—Eléctrica e insensata. Producirlos cuesta una fortuna. Para encender un foco, necesito una parafernalia de media tonelada.

—¡Pero es luz, vecino! ¡Luz!

—A ese precio cualquiera con un gramo de pimienta en el seso puede hacerla.

—¿Un gramo de pimienta y cuántos años?

—Ignoro qué edad tengo, lady. Mi memoria es promiscua, arbitraria y espasmódica. Retengo información científica, poemas, partituras musicales, pero a veces me pierdo en el centro de Salzburgo y pasan días hasta que vuelvo a casa. Mis juicios son rayos de lucidez entre abismos de tinieblas.

«Mi padre —se dijo Paula— jamás se hubiera permitido una charla como ésta.»

—En todo caso se ve bien —exclamó luego, con falso entusiasmo.

—Cada achaque un trofeo. Cada meta más lejana, excepto la muerte.

Los dos se apoyaron en la baranda de estribor sintiendo la espuma salada saltar hasta sus cejas.

—Piense que usted como amateur ha llegado a un punto que ningún sabio pudo alcanzar.

—A un precio muy alto. Mis esfuerzos han sido constantes pero desproporcionados. Anduve tras la búsqueda de un artefacto del tamaño de un gorrión y he creado un elefante, un dromedario árabe de mil jorobas. Mucho más interesante que mi Luz son las tradicionales velas.

La empresaria se golpeó la frente.

—¿Y qué lo trae por estas costas sureñas, maestro?

El hombre tragó un poco de humedad que se había agolpado en las narices y dijo:

—Vengo a iluminar una boda.

20

El arsenal de la flota austrohúngara en el puerto anexado de Aspalathon consistía de dos fragatas con quince cañones a babor, otro tanto a estribor, un lanzagranadas en la proa, un tiratorpedos en la popa, una goleta de doble marcha vía tracción a vapor y otra muy eficiente de velas entramadas en un maderaje de óptima resistencia a las inclemencias de los cambios bruscos de temperatura, dos lanchones de rápido desplazamiento equipados con telégrafo, ochenta soldados de elite expertos en clavar bayonetas en los hígados ajenos sin arredrarse ante el eventual daño, treinta artilleros con puntería probada en la conquista de Tergestre donde clavaron balas en el minutero y segundero del reloj de la catedral, frigoríficos que permitían mantener frescas las provisiones aún en un clima tórrido, dos cocineros reclutados por decreto del intendente desde el hotel Heraldo de Graz, capaces de hacer manjares con el sutil ciervo pero llegado el caso con la repugnante rata, cascos alemanes de última generación donde rebotaban las balas hechas de mala pólvora, y un contingente de explosivos lo suficientemente grande para hacer volar París.

El almirante Mollenhauer no tenía fama de cruel ni de pusilánime.

Le gustaba beber y cenar a destajo, contaba con una esposa en Graz a la que había dejado estratégicamente preñada antes de la empresa bélica de su patria, y en la misma ciudad sabía compartir algunas noches con la divina modelo asiática Sigrid Liu. Esta exótica e indocumentada señorita mitigaba con él y sus besos champañeros la tortura de las jornadas en pose estática para el pintor homosexual Francis von Kassen que la dejaban gélida. Era proverbial la tacañería del maestro, quien ahorraba en combustible lo que no ganaba en fama.

Así, para proteger a su concubina de los riesgos de una estragante pulmonía, Mollenhauer enviaba cada lunes al atelier una carretada de leña y carbón, y hasta le ofreció a madame Liu ponerle una pieza en un hotel dos estrellas, que ella rechazó por considerarse artista y no puta.

No tenía el menor motivo para ser cruel porque el sexo y los manjares lo habían reconciliado con cualquier disgusto de la vida, y no dejó de llamar la atención en el Ministerio de Guerra que a semejante vividor se le encomendara una represalia no apta para corderos. Mucho se especuló en las oficinas acerca de por qué el «Mole», haciendo uso de su alto rango, no había influido para derivar en esta misión a un capitán ambicioso y de moral bastarda.

La explicación más plausible es que Mollenhauer aspiraba con la represalia en Costas de Malicia a una victoria mítica que él sabría amplificar a través de la distancia vía el bastardo periodista Pavlovic, a quien le haría escribir sus hazañas arrancándole las uñas de los pies y una vez terminado su artículo lo despojaría de las uñas de las manos para no dejarlo contrabalanceado. El Imperio había puesto a su disposición tal cantidad de guerreros profesionales que hasta contra la armada turca hubieran hecho un buen papel. Le otorgaban además un cañón de mira tan precisa que podría matar un mosquito sobre el coco de una palmera. Es decir, querían espectáculo. Austria no debería salir más vulnerable en esta guerra contra el Sur, y cierto histrionismo de *grand guignol* sin duda impresionaría a los aliados alemanes algo reticentes a meterse en Costas de Malicia.

El mundo lo cargaría de ignominia pero el Imperio de gloria; luego lo jubilarían con la más alta renta sin exponerlo a las masacres que el aventurismo expansionista de su patria podría pagar caro años más tarde. Si diez ratas le habían roído hasta las vísceras a un grupo de sus muchachos en los confines de Gema, ¿de qué barbaridad sería capaz un ejército regular contra sus tropas?

Mientras Mollenhauer se levantaba el ánimo con estos argumentos, en la isla se había acumulado hacia el mediodía un arsenal de otra índole destinado, según el cura, a «barrer las tripas del pueblo». Entre los productos autóctonos se pudo enumerar a doscientas cincuenta gallinas, cuarenta y ocho cabritos, diez vacas, doscientas veintidós codornices, doscientos diez lenguados, tres bañaderas de sardinas, un cerdo, veinte palanganas de tomates, cinco cacerolas de cebolla, dos carretonadas de uvas, seis sacos de papas nuevas, cinco bolsas de coliflor, trescientos litros de slíbovitz, cuatrocientos jarros de vino local, cien chuicos de tinto francés, un hectolitro de limonada, y la instalación de una ducha en la parte posterior del Lucerna para despejar a los borrachos de sus *delirium tremens* y disolver en parte las tradicionales manchas de semen que decoraban hacia la medianoche las faldas de las chicas y las braguetas de los varones.

Los muchachos que no habían participado en la emboscada, inspirados por el incendiario informe de Pavlovic dieron informes equívocos, pícaros y vagos, que hizo inferir a sus novias y padres que ellos eran también parte de la leyenda, llenándose de un prestigio cuya imprudencia no tardaría en demostrarse. En cuanto a los autores reales, seguían como sonámbulos en los bares engullendo cervezas tibias, fumando insomnes tabaco negro, cantando con voz de borrachos melancólicas letras de turumbas aprendidas en la infancia, tallando corazones cruzados por flechas en el mesón del Lucerna, o untando de desesperado sudor los reclinatorios de la iglesia. Sin embargo, cuando el sacerdote los invitó a que se confesaran para aliviarles las cargas, intercambiaron gestos hoscos y dijeron que si querían ayuda de Dios se entenderían directamente con él, no con intermediarios. El padre, ofendido, les auguró una temporada en el infierno, sin saber entonces que había un título genial de la literatura francesa con ese nombre.

Bajo la batuta del maestro húngaro Policzer ya a la una de la tarde se había tocado la *Turumba de la fruta* compuesta en Curica por Reino Acevedo, un vecino de Portugal que dotado de un temperamento exultante, dejó los fados para emitir letra y música adriática. En el museo histórico de Costas de Malicia se conservan grabaciones de su abundante *opus*, criticada por la gente bien como «grosera, picante, repulsiva, e idiotizante».

Se transcribe a continuación la mentada turumba, la cual pese a su alegría y por causa de los acontecimientos que se desencadenaron, la gente de las inmediaciones la recuerda como una balada más bien anémica. Pero en la plenitud de los preparativos para la fiesta, sonó como lo que era, y lo cantado y lo bailado ya no lo quita nadie.

Turumba de la fruta

Ésta es la turumba de la fruta, de la fruta,
para bailarla con la novia, y con las putas y con las putas.

Yo ya me como la sandía hasta dejarla toda vacía
yo ya me como ese melón sin dejarle ni el corazón

yo ya me como la uvita, que está muy rica, que está muy rica
ahora te beso las tetitas, que están duritas, que están duritas.

Ésta es la turumba de la fruta, de la fruta, de la fruta.
Para bailarla con la abuela, y con las putas y con las putas.

Chúpame chiquita la banana, que está muy sana, que está muy sana
quiero besarte el coliflor, qué suave olor, qué suave olor
voy a morderte la aceituna de ese pezón, de ese pezón.
Ya te está chorreando la naranja, vamos a la cama, vamos a la cama.
Ésta es la turumba de la fruta, de la fruta
para bailarla con el cura, y con las putas y con las putas.

El sacerdote amenazó con no bendecir los anillos si acaso no se retiraba la última estrofa de la lírica y excomulgar a todo el pueblo de una sola plumada como lo había hecho el papa Pío I con los herejes de Tunkún cuando éstos usaron las velas del templo con fines poco santos. Jerónimo le recordó que hacía dos lustros él mismo en nombre de Dios le había solicitado que abriera un burdel. Pregel confesó estar bajo un ataque de amnesia, y cuando el dueño de El Europeo le pasó dos billetes de los largos para que comprara en su próximo viaje a Agram una nueva estatua de San Roque, el patrono de los piratas, decidió que en el fondo la turumba de la fruta tenía algo adánico en su frescura y se propuso que antes de caer la noche la demolería con una composición propia sobre Adán y Eva en el paraíso. Allí mismo se le ocurrió un verso:

Mira lo que la serpiente hizo, en los jardines del paraíso.
Mírale el tamaño a la culebra, que no te la meta, que no te la meta.

21

De Nueva York venían los ácidos y detonantes que harían posible que esa noche la ceremonia nupcial y la fiesta aledaña pudieran ser iluminadas cerca de cuarenta minutos cual si tuviera lugar en plena luz del día. Eso le explicó el señor Torrentes a Jerónimo Franck mientras jadeaba dando instrucciones a los cargadores para que no volcaran ni una gota de los preciosos líquidos que debía emplear para producir esas llamaradas blancas. Los pobladores algo entonados por el triunfo bélico que habían obtenido sin entrar en ninguna batalla e impacientes por iniciar la zarandunga que tendría lugar en el Lucerna en cuanto oscureciera, se acumularon en el muelle e inmediaciones para observar con una mezcla de terror y maravilla los objetos indescriptibles que el enérgico anciano de rosadas mejillas ordenaba levantar con la grúa. No era nada que hubieran visto, y se parecía a cosas que alguna vez imaginaron en los libros.

Naves espaciales, tanques de cristal, dromedarios de hojalata, perniles de fierro, cadenas fosforescentes, y palancas cromadas. Los timones de acero que el inventor tocaba con unos gruesos guantes rojos, casi navideños, eran excrecencias que brotaban en gran cantidad de la maquinaria, y parecía que todos esos trozos hicieran sentido como los instrumentos de una banda producen la música.

Después que Jerónimo hubo besado cortésmente los altivos pómulos de su hermana, había dedicado toda la fuerza del alma a estrechar a Torrentes, a quien obligó a depositar la cabeza encendida de canas sobre su corazón. No faltaron lágrimas de parte de ninguno de los dos, pero en cuanto el maduro novio aflojó la presión, Torrentes se atropelló con las palabras tragando sincopadamente la saliva que le remontaba la nuez de Adán en el delgado cuello.

—Oh, señor Franck. Cómo estoy de avergonzado. Venir aquí con estas humildes latas para dar un espectáculo de feriante pulguiento.

—Mi hermana dice que asistió a las pruebas nocturnas en la nave y que es algo «estelar».

—Oh, no, querido amo. Es la generosidad tradicional de su familia la que habla por sus labios. Produzco bastante luz para que usted pueda filmar su boda en esta isla desgajada del planeta y de toda fuente de energía y hasta podrá hacer imágenes de las estrellas y la luna que la bendecirán. ¡Pero a qué precio, maestro! Está usted gastando su fortuna en esta porquería que es un verdadero parto de los montes.

—¿Será así, tras toda una vida de experimentos?

—Apariencias, dulces apariencias, ¡pero a qué costo! Un invento sin destino; lo mismo que la cola de un cometa que nos deja la boca abierta y que se pierde en esa abominable inmensidad sin revelarnos nada de nada, ¡Dios mío!

Los tres emprendieron el camino a la casa y mientras el personal de El Europeo cargaba las valijas y los artefactos, Paula dedicó cada uno de sus brazos a los hombros de sus acompañantes.

—¿En qué sentido avanzaron sus investigaciones desde la última vez que usted concibió el alternador en Salzburgo, Torrentes?

—Yo no concebí nada, señor. Don Nicolás Tesla, un nativo de estos parajes, me indicó algunas vías por correspondencia desde Nueva York. Imagínese, ¡esa luminaria perdiendo el tiempo conmigo! Tiene un sentido de la ironía que muele el hígado. ¿Sabe cómo me llama?

—Ni idea, maestro.

—Mi querido genio —se ruborizó—. Él, que inventó el generador de alta frecuencia, el transformador Tesla, los osciladores mecánicos…

—Ya podría decir «etcétera». ¿Pero cuál es su aporte, maestro?

Torrentes carraspeó y por primera vez Paula tuvo la impresión de que el hombre sentía que pisaba tierra; de súbito le faltó el vaivén del barco bajo sus pies, y se apretó a la dama como si un soponcio estuviera a punto de abatirlo.

—Si se calienta o enfría la soldadura de dos metales diferentes, se engendra una corriente de sentido contrario en cada caso, la cual es muy débil. ¿Recordará usted el efecto Seebeck, señor Franck?

—En absoluto.

—No tiene importancia. Lo más práctico es producir *indirectamente* la electricidad convirtiendo el calor en energía mecánica por medio de generadores de vapor, y luego la energía mecánica en eléctrica por medio de dínamos y alternadores. *Voilà!* ¿Ha comprendido usted?

—Ni pito, maestro. Después del matrimonio le ruego que me acompañe algunos días en mi luna de miel para que se extienda sobre el particular.

—Eso que usted ve allí son los generadores de vapor.

—Son enormes.

—El día que se logre reducirlos, estaremos en condiciones de decir que mi vida tuvo la sombra de un sentido.

—Bueno, maestro. Edison mismo dijo: «No es que haya fracasado, sino que he encontrado cien mil soluciones que no funcionan.»

—Es usted irónico, señor Franck. Edison es una *Kapazität* y yo sólo un *clown* protegido por su misericordia.

22

Antonio y Magdalena se afanaban midiendo el *passpartout* donde pegarían la columna de Pavlovic tras haber desalojado una imagen de la infancia de la mujer donde aparecía demasiado bella como para seguir infligiéndose día a día la comparación, cuando sin que mediara aviso alguno la distinguida dama apareció en el umbral obligando a la pareja a ponerse de pie, estirar en forma precipitada sus ropas, y limpiarse sobre el delantal o los pantalones los restos de la terca goma con que ejecutaban la operación.

–Los padres de la novia, me imagino.

Antonio frotó con un pañuelo el respaldo de la silla donde le indicó que se sentara.

–Sí señora. Mi esposa se llama Magdalena y yo Antonio.

–Nombres cristianos, gracias a Dios.

–Mi santo se celebra el 13 de junio.

La dama abrió y cerró varias veces la hebilla metálica de su cartera, antes de volver a hablar.

–Mi nombre es Paula Franck. Soy la hermana de Jerónimo.

Magdalena se llevó la mano a las mejillas y las sintió enrojecer.

Los había sorprendido en ese acto de modestia rutinaria y con las servilletas tintas de sangre tras haber curado a su hija el dedo herido por el puñal con que pelaba un durazno. Se puso delante del lavatorio y se inclinó ante la visita.

—¿Ha venido a la boda?

Con un suspiro, Paula acomodó el ondulado de su rígida permanente, y clavó sus ojos en los de la mujer, hasta que ésta, confundida, bajó su mirada.

—La boda —dijo entonces—. Dicen que su hija es preciosa.

—La gente exagera —dijo Antonio.

—La gente que exagera —agregó la visitante— dice que dadas otras *circunstancias* vuestra hija podría pasar por una princesa, tan finos serían sus rasgos y tan intensa la luz de su alma en las pupilas.

Magdalena le acercó un pequeño vaso de greda y le indicó sobre el estante una botella.

—¿Se serviría un poco de slíbovitz?

El matrimonio deshizo sus sonrisas y la madre llenó el pequeño vaso hasta el borde. Paula sorbió un par de gotas tras resbalar su estimulante ardor por los labios.

—¿Qué opinión tienen ustedes de mi hermano?

—La mejor del mundo —aceleró Antonio.

—En nuestra familia, se lo tiene por un bohemio.

—No sé lo que es eso.

—Alguien de gustos y costumbres poco convencionales. Los pintores, los bailarines, por ejemplo. Mi padre lo llamaba irónicamente *el Poeta*.

El hombre sonrió echándose aire de un manotazo sobre la frente. Magdalena juntó los codos sobre el pecho, como protegiéndose.

—Jerónimo es todo lo contrario de un poeta, señora. Es un próspero comerciante.

—Un vendedor de agua en el desierto, ¿no es así?

—No comprendo, señora.

—Lo que quiero decirles es que la prosperidad es relativa. Lo que ustedes creen que Jerónimo ha conseguido aquí, es aquello que él ha dilapidado allá.

—¿Dónde, madame Franck?

—En cualquier parte, querido amigo, que no fueran estos arrabales del planeta —dijo Paula tocándose la nariz con impaciencia—. Dígame una cosa, don Antonio, con toda franqueza. Esta boda, ¿tiene necesariamente que tener lugar?

El hombre miró a su esposa con desconcierto y luego abrió las palmas de sus manos ante la dama.

—Por cierto que sí, señora. Tendrá lugar hoy. Es la fiesta del siglo. Incluso se filmará en cine.

—Oh, sí, lo sé. He conocido al iluminador en el barco.

Magdalena se quitó el delantal y mientras lo doblaba para colgarlo en el respaldo de una silla, sacó fuera de su blusa negra la pequeña cruz enchapada.

—¿Qué es lo que quiere, señora? —dijo la madre.

—Contribuir a la felicidad de todo el mundo.

—¿Le molesta la boda?

—En apariencia no, pero en el fondo sí. Estimo que un enlace de este tipo debe darse entre seres de igual dignidad.

Antonio sintió que su esposa le apretaba el antebrazo, y alcanzó a moderar su discurso cuando la injuria se desencadenaba en su lengua.

—Mire, madame. Ésta es una familia pobre pero digna, ninguna mácula puede hallarse en toda la historia de esta casa.

—Una historia de la cual no hay nada escrito, supongo.

—No entiendo.

—Una historia que no se escribe, no existe. Es una suma de recuerdos privados, ¿me entiende?

—Pues bien, nuestros recuerdos privados son dignos.

—Tiene razón, don Antonio. Hay dignidad en la pobreza. Y mucha dignidad en los pobres que tienen en sus corazones la certeza moral de estar procediendo correctamente.

El hombre se dejó caer abatido y acarició la botella de slíbovitz, desgranando ahora una sospecha que lo mortificaba. ¿La hermana de Jerónimo había venido por su propia iniciativa a ningunearlos con estos argumentos? ¿O era más que una arpía espontánea la portavoz del propio Jerónimo, quien en un acto de cobardía motivado acaso por el enfrentamiento entre los nativos y las tropas de su patria estimaba prudente desligarse del compromiso que buscó con tanto afán? ¿O quizá la prestigiosa señora fuese una hada protectora, que sabedora del mito fatal que nimbaba a El Europeo, venía a rescatar a su hija de esa muerte, que él mismo temía en el fondo? Sólo atinó a levantar la botella y a servirse un vaso de slíbovitz.

—¿Qué quiere, señora?

—Hablar con su hija.

—No es posible.

—¿Por qué no?

—Se ha dañado un dedo mientras cortaba un durazno. Está tendida en el lecho con el brazo en alto para detener el flujo.

Paula se levantó de la silla y consideró el pasillo que conducía hasta la pieza de Alia Emar.

—Soy mujer y no me extraña la sangre —dijo.

Repartió su mirada entre el matrimonio y bebió hasta la mitad del vasito de licor. El sol caía vertical sobre el techo, y se asombró de sí misma, tomando este brebaje bárbaro a esta hora. La pareja bajó la vista hacia el suelo, como convocados por una autoridad superior, y Paula cogió la escalera que la llevaría ante la muchacha.

23

Al entrar en la villa de Bororo pudo advertir que algunos habitantes lo saludaban con inclinaciones más corteses que las rutinarias. Una suerte de intuición le propuso que esos lectores de *La República* lo identificaban como el hermano de Reino y antes de desilusionarlos proclamando con todo el corazón que el supuesto héroe era un asesino bestial agradeció con un gesto solemne las reverencias y procuró el escarpado camino hasta la torre.

Mas en la pequeña bahía que forma el agua antes de abrirse generosa hacia el Adriático, un vozarrón lo alcanzó justo cuando emprendía la subida al cerro.

—¡Esteban Coppeta!

Hizo como que no la oía y siguió trepando diestro entre los guijarros del declive, cuando otro grito lo detuvo con una expresión que lo turbaba por su mezcla de ironía, adivinanza, y autoridad.

—¡Poeta Esteban Coppeta!

Rojo cual un sol de crepúsculo, el joven no pudo sino darse la vuelta y reconocer al hombre que lo saludaba agitando sus brazos cual aspas de molino. Era el periodista Pavlovic, quien lo conminó con un amplio gesto a que bajara a compartir su mesa. Desde esa distancia se podía olfatear el aroma de los *cepavici*, los anticuchos de interiores a las brasas, y reconociéndose lírico, pero mortal, Esteban apuró con cierta indiferencia el tranco hacia el almuerzo.

—Muchacho —lo abrazó Pavlovic—, ¿de dónde vienes y adónde vas?

—Es más fácil responder la primera parte que la segunda.

El corresponsal de *La República* le indicó que se sentara y con un dedo enérgico conminó al mozo a poner otro cubierto sobre el mantel.

—Como periodista no me conformo con eso.

—Del infierno, señor. Vengo de un infierno externo e interno.

—¿A saber?

—Costas de Malicia está fuera de sí y yo estoy fuera de mí.

El mozo le acercó un vaso de vino helado, el joven humedeció su lengua en él, y luego se hizo de un sorbo mirando los calados de piedra de la mínima torre del poeta Nazar.

—En verdad me gustaría enterarme de los detalles.

—No, señor. Ya aprendí que nunca más debo hablar con un periodista. Su artículo de hoy destruyó mi vida.

—No lo escribí con esa intención. Tu hermano contó y yo tomé nota como un modesto escribano de provincia. Siento que tengo el pleno. derecho de invitarte a un *cepavici* sin que me desprecies.

—En verdad tengo hambre, doctor, y poca plata.

—En cambio yo ando con mucha plata y poco apetito. ¿Qué pasa en Gema?

El chico cogió un pedazo de pan y lo untó en la salsa de ají.

—Según su artículo, supuse que asistiría a la boda. Ahora que lo veo aquí me da lástima que el magno acontecimiento se vaya a la mierda de la anonimia.

—¿Te da lástima verdaderamente?

Esteban empujó otro vaso de vino y se limpió una brutalmente inoportuna y destemplada lágrima que le rajó la mejilla.

–No, doctor. En verdad me da placer. Un placer sólo comparable hacia el odio que siento por Reino. El hecho de que usted no narre la boda hará que ésta no exista.

–¿Le gusta cómo escribo?

–Sí, señor. Usted sabe inflar un globo. Uno lee sus cosas con tensión.

–Es un gran elogio viniendo de un poeta.

–No se burle de mí, señor Pavlovic. Pergueñé una sola vez en mi vida dos miserables estrofas y sólo por amor, sin tino ni talento.

–Y sin efecto, a juzgar por la inminencia del casorio.

–Sin efecto, doctor.

El mozo trajo los anticuchos de entrañas servidas sobre una parrilla animada por brasas de carbón, y Esteban de inmediato masticó un trozo de hígado. Pavlovic lo observó divertido declinando medio vaso de vino.

–¿Qué le encontrará la novia al austríaco?

–Difícil saberlo. Lo más obvio es el dinero. Lo otro, es la cultura.

Esteban en ese instante vaciló entre escupir la comida al piso de tierra o tragársela. La amasó en su boca durante un largo minuto y luego la deglutió sin que Pavlovic advirtiese su dilema.

Con la quijada señaló hacia la altura de la izquierda.

–La torre del poeta Nazar –dijo.

El periodista asintió con sincero énfasis. De pronto la mención del lírico lo hería. Se había acostumbrado a estos desgarrados arrabales y ahora debía huir hacia la incertidumbre a una edad en la cual todos estaban consolidados, con sus raíces firmes en algún terruño. Como el feliz austríaco de El Europeo.

Esperó que el chico terminara el primer anticucho y luego le in-

dicó otro hecho sólo de carne de filete. Esteban lo atacó con melan-
colía y hambre.

—¿Y ahora adónde vas, muchacho?

Tragó el bocado que masticaba, y para no ser descortés contestó
deprisa:

—A Nueva York.

Pavlovic se echó teatralmente hacia atrás en la silla de madera y
cáñamo. Hizo como si se abanicara un bochorno.

—¡Uy, palabras mayores! ¿Tienes visa?

—¿Qué es eso?

—Un permiso que se estampa en tu pasaporte y que te permite
entrar a Estados Unidos.

Esteban miró hacia una pareja de pájaros que se posaba sobre los
torreones del poeta. El periodista, preso de una sospecha urgente, le
preguntó:

—¿Tienes pasaporte?

—No, señor Pavlovic.

—O sea ni visa ni pasaporte.

—Así parece.

El hombre extrajo su documento, limpió con la manga de su
camisa la mesa, y lo depositó abierto en las páginas con su foto y los
sellos del Imperio austrohúngaro.

—Esto es un pasaporte.

—¿Dé dónde lo sacó?

—De la oficina del Ministerio de Relaciones Exteriores.

—¿Y a mí me darían uno?

—A ti te *habrían* dado uno.

—¿Ya no?

—Escucha, chiquillo. Para darte uno de éstos te preguntarán el nombre. Y tú tienes la puta suerte de llamarte Esteban Coppeta. Tal vez cuando Costas de Malicia sea independiente haya una calle con tu nombre en la capital, pero mientras seas el hermano de Reino Coppeta lo único que vas a conseguir es el nudo de la cuerda del verdugo en tu lírico cuello.

Por debajo de la mesa el joven se descalzó usando los pies y estiró pensativo los dedos permitiendo que la brisa circulara entre ellos.

—Harto jodida la cosa —dijo.

—Jodidasa.

—¿Qué puedo hacer entonces? Déme un consejo, doctor Pavlovic.

Se sirvieron en silencio sus copas de vino, y después el periodista tamborileó con sus dedos sobre el pasaporte.

—Te vas a Italia.

—¿Con qué pasaporte?

—Sin visa, sin pasaporte, sin ninguna mierda.

—No me dejarán entrar.

—Hay novedades, muchacho. Desde que Venecia perdió Costas de Malicia los italianos sueñan con anexarla otra vez a su territorio. Para favorecer un clima grato a este propósito hacen como que los maliciosos son naturalmente parte de ellos. En consecuencia, no te exigirán nada para entrar.

—¡Cuántas cosas sabe usted!

—Es el resultado de haber visitado países con historia y no meramente con paisaje, como esta isla pendeja.

El joven se puso de pie y luego se agachó para coger los zapatos. Descalzo dio unos pasos en dirección a la torre, se detuvo, giró hacia el periodista, y rascándose la cabeza le preguntó:

—Si no fuera mucha la molestia, señor Pavlovic. ¿Hacia dónde camino para llegar a Italia?

24

Paula encontró a la novia soplándose el dedo herido: la sangre se había coagulado y ya no fluía con la ferocidad de la mañana. Sobre el lecho, el vestido de novia con la toca de piezas brillantes simulando una corona, parecía una persona real. A pesar del calor obsesivo, soplaba algo fresco en esa habitación. Siempre la había cautivado que la gente rústica supiera combinar las cortinas y persianas con las brisas y las sombras para producir corrientes que actuaban como una bendición enfriando sus soles primitivos. Sin bajar el dedo, Alia Emar observó a la mujer y su elegante atuendo inmersa en una curiosidad casi infantil. Dobló el cuello y en silencio esperó que ella hablara.

—Soy la hermana de Jerónimo. —Avanzó hacia la chica y tomándola de los brazos, preguntó—: ¿Puedo besar a la novia?

Alia Emar sonrió condescendiente y al untar sus labios en esa mejilla de una tersura infinita, Paula supo de improviso la energía de la excitación que aquel cuerpo había producido en su hermano. Otra vez le vino a la mente la frase que cual una cantinela, o cierta conjura, la había acompañado durante el trayecto desde Salzburgo: «En otras circunstancias sería una princesa.» Sólo que princesa se nace, y no se hace, pensó áspera.

–Bienvenida, *signora*. Ojalá le guste por aquí.

–Seguro que me gusta. Es todo muy… sencillo.

–Oh, sí.

–¿Cómo va ese dedo?

–Mejor. La herida era pequeña pero sangraba como lava de un volcán.

–Quizá tengas un problema en la sangre que no coagula bien.

–Oh, no. Ya se detuvo.

–Hay regiones del mundo donde a la gente no le coagula bien la sangre. Especialmente sitios con mucha mezcla. Tantas invasiones, turcos, italianos, en fin.

Se acercó hasta el lecho y rodeándolo pudo apreciar cada detalle del traje nupcial. La modista de su hermano habría seguido sin duda sus desatinados consejos en el rubro moda. Jerónimo siempre procuraba que sus apariencias tuvieran el mismo brillo que sus estados de ánimo. Si la muchacha le era luminosa se veía entonces en la obligación de recargarla con una batería de lentejuelas enceguecedoras.

–¿Le gusta el traje, madame?

–Seguro –dijo–. Parece diseñado por el gran Edison. –Tocó el raso, los tules, los bordados en torno a los pechos, y en ese mismo momento miró de reojo los senos de la chica–. Mi hermano es loco, pero no tonto. No creo que la sangre haya manchado aún el traje, ¿cierto?

–Ni se me ocurrió tocarlo.

–En el pueblo dicen que será la boda del siglo. Habrá cine y se bailará turumba.

–¿Conoce usted la turumba, madame?– exclamó Alia Emar, los ojos radiantes de esperanza y duda.

«También la mirada, y la cintura, y la voz. Y ya me imagino cómo será su culo», pensó la forastera.

—¡Oh, sí! En Salzburgo sólo se oye Mozart y turumbas.

—Ahora está de moda la *Turumba de la fruta.*

—Querida, ¿puedo sentarme en esta punta de la cama?

—Claro que sí.

La chica levantó la punta del traje y Paula se dejó caer en ese hueco erguida cual paraguas en un colgador.

—Quisiera que tú y yo habláramos con toda franqueza.

La muchacha se arrodilló ante su regazo y le cogió las manos.

—Como debe ser entre familiares.

Tragando saliva reflexionó sobre esa frase, y optó por desarrollar desde ese momento una táctica piadosa que combinara el contacto físico y la desvergüenza verbal. Al fin y al cabo, la novia de libro de hadas había tenido la discreción de no infligirle ningún verso de la *Turumba de la fruta.*

—Así es, mi amor.

No había una gota de sospecha ni doble intención en los gestos ni en la mirada rozagante de esa ninfa que cualquier pintor habría atacado para hacer una dramatización del *Desayuno en la hierba.*

—Pregunte nomás, señora.

Me imagino que estarás inmensamente feliz con este matrimonio tan conveniente.

—Oh no, señora Franck. Estoy llena de duda y de angustias.

—¡Qué interesante! ¿Y qué es lo que te inquieta, muchacha?

—¡El amor! Es decir, ¿cómo sabe una cuando ama a alguien verdaderamente?

—No te entiendo.

—Es decir… No encuentro las palabras para expresarlo.

—No te apures. Este tema me interesa mucho.

—Piense en la música. Usted al comienzo escucha Mozart, y otra vez Mozart, y déle con Mozart. Entonces usted es dichosa. Es decir, usted está llena de Mozart.

—Inevitablemente.

—Es decir...

—Alia Emar, no es necesario que a cada rato digas «es decir». Eres un poco repetitiva pero te estás haciendo entender de maravillas.

—Perdón, *signora*. Entonces Mozart...

—... y Mozart y Mozart. Está claro.

—Y un día usted conoce la *Quinta* de Beethoven. Y eso que era el amor a Mozart...

—Se transforma en amor a la *Quinta* de Beethoven.

—No, madame, porque después usted escucha diez, veinte veces, los cuartetos de Beethoven, y el amor por Beethoven se le ha metido a una... Es decir, una se sale de una misma... Es el amor, ¿verdad? ¿Salirse de una misma, cierto?

Paula Franck supo que una lenta palidez comenzaba a invadirle desde el rostro a las muñecas. ¿De modo que su hermanito había domado a la fierecilla? ¿Cual un vulgar doctor Higgins su mágica varita trocaba a la rústica aldeana en una princesa capaz de diferenciar entre el espectáculo de la *Quinta* y la dolorosa intimidad de los cuartetos?

—¿Qué me dice de Schumann?

—¿Schumann? Schumann duele, señora. Es decir... duele, señora.

—Dime una cosa. ¿Conoces una obrita de Bernard Shaw llamada *Pygmalion*?

Extendiendo una sonrisa que mostró los dientes más alegres que la mujer había visto en todas las metrópolis, Alia Emar avanzó hasta el armario y exhibió triunfal un fonógrafo RCA Victor y una torre de discos de acetato. Desde el techo hasta el piso se ordenaban columnas de libros dispuestos según tamaño para cuidar la estabilidad de las torres. Los más gordos y pesados en la base, y arriba las miniaturas. Desde allí sacó dos ejemplares de Shaw, uno en alemán y otro en malicioso.

—Y estas lecturas, monito, ¿te causan algún placer o son ladrillazos para tu cabecita?

—Es decir... Es decir es maravilloso, señora. En esta isla una se puede entretener sólo con tres cosas: la lectura, la música, y buscando dentro de una.

—¿Adentro de una?

—Es como otro país. Muchas veces siento... No sé decirlo, madame. Es que parece una tontería. Muchas veces siento que tengo algo en mí más grande que mi cuerpo.

—Algo que no te cabe en el cuerpo.

—Es una tontería. Algo que está dentro de mi cuerpo pero no cabe en él.

—¿Has oído hablar del alma?

—Oh, sí. Ésas son pechoñerías del cura.

—¿Qué? ¿No eres católica?

—Seguro. Como todos en esta isla. Yo le hablo... Es decir, yo hablo de Beethoven.

—Y me imagino que de Mozart, y de Schubert y de Schumann y de la *Turumba de la fruta*. Aplicada esta melomanía a las artes del sexo estaríamos ante el caso de una chiquita muy promiscua.

—No entiendo.

—Promiscua es una persona que sale con uno y con otro, que le da lo mismo Mozart que Schönberg.

173

Alia Emar percibió que la rabia le enronquecía la voz.

—Schönberg no, señora. Odio a Schönberg.

Ahora sí la hermana de Jerónimo Franck se puso de pie con el corazón agitado y agarró fuertemente la muñeca de la mano que sostenía en alto el dedo herido.

—¡Perra impostora! No hay discos de Schönberg. ¡Lo acaban de pulverizar los críticos de Viena!

La mujer soltó la presión sobre la chica, y ésta se lamió el cardenal que le produjo en la muñeca. Cruzó los dedos sobre sus labios, bajó la vista como en una oración, observó de reojo las servilletas manchadas que se usaron para detener la hemorragia de aquel erótico dedo índice, y abrió las piernas pues tuvo el presentimiento que se desmayaría.

—¿A qué vino, señora?

—A hablar francamente y no a oír un seminario.

—¿Qué quiere decirme?

—¡Con toda claridad, querida! Necesito tener contigo una conversación de puta a puta.

Alia Emar esgrimió su dedo herido y lo puso sobre la mejilla de Paula amenazando con partírsela de un rasguño.

—Cuando hable de puta, dígalo por usted. Yo soy virgen.

—Más se fornica con la cabeza, que con la zorra. Que te lo saquen o te lo metan es un detalle. Lo que cuenta es la vocación de promiscuidad… colega.

—¿Sabe su hermano que está aquí?

—Es un pésimo negociador y yo vengo a hacer un negocio contigo.

La muchacha fue hasta la ventana y reacomodó la cortina. Con el librito de Shaw se abanicó la barbilla.

—¿De qué se trata?

—Puedes confiar totalmente en mí, pues hay algo más que nos une aparte de mi hermano.

—¿Qué?

—Yo también me casé por conveniencia. Nuestra familia en Salzburgo, gracias a los esfuerzos de mi padre, consolidó una posición económica muy fuerte. Pero no somos gente de alcurnia. Afortunadamente la monarquía y los nobles se han dormido sobre sus laureles y Austria está paralizada. Y cuando hay estas crisis, se piensa en dos cosas: pedir dinero prestado al banco y hacer una guerra. No pasará mucho antes que nuestros soldaditos de plomo se metan en Costas de Malicia. Y ustedes tendrán que actuar.

—¿Qué tiene que ver esa historia conmigo?

—Muchísimo. Gracias a la enorme deuda que el barón von Auertal tiene con mi banco, buscó una alianza que lo aliviara de sus angustias. Pidió mi mano, y porque me convenía, se la di. Hay un trato tácito entre nosotros que implica no compartir el lecho conyugal. Pero tratándose de una belleza como tú y del semental de mi hermano, dudo mucho que pase una noche sin que te inflija algunos hectolitros de esperma.

—Jerónimo es muy atractivo. Muchas mujeres, incluso turistas y clientas del almacén, le hacen ojitos.

—Pero él puso sus ojitos en ti. Y a partir de esta noche pondrá otra cosa en ti que quizá no te guste.

Alia Emar se dejó caer a lo largo del lecho cubriendo el vestido de novia. Tomó un ramo de azahares, lo puso entre los labios, y levantándose el vestido se acarició el muslo derecho, considerando una idea. Sentía un desmayo que anímicamente identificó con el andante de un cuarteto de Schubert.

175

—Yo lo amo —dijo suave.

El desplazamiento de Paula hacia ella fue tan leve como el estilo con que se sentó a un borde de la cama acariciándole la mejilla.

—¿Cómo sabe una si lo que siente es amor realmente?

La chica la oyó reconociendo esas palabras y no contuvo las lentas lágrimas que empezaron a surgir en sus ojos.

La señora Paula Franck, baronesa de Auertal, aún accionando la palma de su mano sobre el pómulo de la chica, le preguntó en un susurro:

—¿Hay otro hombre?

Vio sus pupilas inundadas de una intensa sombra acuosa, y no hizo nada para impedir que Alia Emar llevara sus uñas a los labios e inclinara la frente en sumisa derrota. Sorprendida con una reacción tan sentimental en una jovencita que hasta el momento le había parecido altanera y dueña de sí, decidió asestar sin otro preámbulo, la gran estocada.

—Es decir —añadió con fingida complicidad—, aparte de Mozart, Beethoven y Schumann, ¿hay otro hombre?

25

El insomnio y la disciplina necesaria para promover su virilidad hicieron que Jerónimo entrara a la siesta con una fluidez insospechada. Los años habían mitigado la lascivia juvenil y su sexo sabía atender mucho mejor a los deseos pausados de las damas que a las urgencias de ese íntimo desenfreno. Durmió triunfal tras las magníficas sombras de los tupidos cortinajes, los que a su vez recibían la luz amansada ya por el enorme ciruelo del cual los chicos robaban algunos frutos camino a la escuela, apuntando a los más altos con su honda, y temerosos de que el dueño de El Europeo los descubriera y los transportase ante sus padres tirándolos de las orejas.

Había plantado el árbol inmediatamente después de leer la muerte de Marta Matarasso según Stamos Marinakis, poseído por la más empática piedad. Pudo sentir en aquel desdichado relato la sensación física de la nada, aquella negación absoluta del ser que animaba las discusiones de los filósofos, pero que sólo sabían sufrir los poetas y los amantes que combinaban imágenes destruidas por el asedio de la desgracia.

Meses después buscó en los libros la relación entre Eros y Tánatos y quiso convencerse que la tragedia de Stamos era acaso un mínimo episodio dentro de los otros ciclos fatales que ya habían cantado y entendido sus ancestros griegos. Trajinó noches enteras pensando en aquellos minutos feroces cuando el viudo debió enterrar el cuerpo de esa chica que había recibido con un agónico espasmo la muerte de su explosivo semen. Pero no fue un ritual libresco ni religioso aquello que llevó a Jerónimo a tomar una pala y cavar toda la noche hasta derramar las hondas semillas del ciruelo en esos arrabales primitivos, sino el docto instinto de crear memoria y raíces. Acaso conjuros.

Desde ese árbol, cultura y cultivo habían refundido en su práctica diaria una trama indescriptible. Jerónimo quiso *comprender* y no le bastó buscar en el menguado espectáculo de la hosca naturaleza de las Costas de Malicia las señales de un sentido, sino que procuró la compañía de todo arte que se hubiera confrontado con el dolor, el misterio, la muerte. En la parte delantera de la tienda sus dependientes vendían telas y abarrotes, licores o tabacos, repuestos para autos o bombines para bicicletas, mas en el cuarto próximo al ansioso ciruelo, crecía también la biblioteca y la colección de discos, los cuadros y las partituras, los viejos instrumentos adquiridos de ocasión que de vez en cuando los ofrecía a los turistas y comerciantes que anclaban en su casa, para tener el placer de oír música «en vivo», no importándole cuán diletantes fueran los instrumentistas.

Cuando Marta Matarasso había muerto, Alia Emar recién nacía. Su futura esposa había sido tratada de una febril faringitis en la pequeña clínica que él ayudó a fundar, pagando de sus ganancias un médico y una matrona traídos de Curica, lo que permitía a los isleños atender sus partos e infartos rápidamente y dentro de normas higiénicas y profesionales.

La inexistencia de esa infraestructura fue el estúpido motivo que había perfeccionado la agonía de Marta Matarasso. El equipo médico llegó en el primer barco de la madrugada siguiente. Sólo sirvieron para poner en la tumba de la novia anémonas frescas extraídas del invernadero de la nave.

Volvieron en la misma nave de riguroso negro, anteojos y monóculos, bastones y equipos quirúrgicos. Antes que desembarcaran en el continente, las flores se habían hecho polvo entre el viento y las pedradas del sol, le informó el cura Franz Pregel a don Jerónimo.

Antes de la siesta, el dueño del almacén había visitado la clínica y con una imprudente ternura revisó las actas de los nacidos buscando la fecha del cumpleaños de Alia Emar, mientras el doctor y la enfermera abrían cajas con medicamentos europeos con los que se habían guarnecido para la fiesta de la noche: reanimadores cardíacos, hundidores de presión, líquido antivómitos, analgésicos, vendas y desinfectantes expeditos para curar las punzadas de puñales rivales, ya sea por celos, cuentas pendientes, o sano espíritu deportivo, y sobre todo *coagulantes* de moderna química. La enfermera había preguntado «por qué tanto» de estas últimas dosis y el médico había contestado con un enigmático «por si las moscas». Jerónimo fue desbordado por una sonrisa al leer los datos clínicos de los primeros minutos de vida de su amada: tres kilos doscientos gramos, treinta y ocho centímetros, parto normal.

Durante muchos años, Alia Emar fue para él sólo la pequeña de pelo alborotado y cejas duras que solía venir a la tienda con su madre a comprar bagatelas. En los primeros encuentros se dijo que era una muchacha bellísima, pero *una niña*, y no hay nadie de ocho o nueve años que no tenga el alma entera al borde de los ojos. Luego la vida se la va replegando, y en ocasiones extinguiendo. Era, entonces, hermosa como tantas, o linda como todas.

Lo que marcó la diferencia e inició su obsesión, tuvo lugar el día cuando Alia Emar vino con su madre para adquirir algunas vituallas con las que celebraría sus trece años. Era una mañana de tremenda agitación pues los contrabandistas habían logrado una alianza tan estratégica cual corrupta con la aduana que le permitía sacar de las bodegas de los barcos piezas de gran tamaño: heladeras o autos no eran imposibles para las modernas lanchas adquiridas gracias a la prosperidad que Franck estableció en el puerto.

Incluso, uno de los importadores ilegales, que se hacía llamar Smuggler, le dijo a Jerónimo que le preguntara a Reino Coppeta si no estaría interesado en adquirir un tanque de última tecnología. Diestro el austríaco en detectar temperamentos excitables, decidió olvidarse de extender el recado. No había nada en el mundo que hiciera a Costas de Malicia codiciable para nadie, como no fuera la captura de cuerpos jóvenes para enrolarlos en el ejército del imperio. «Nos desgranan como choclos», había leído en las graciosas aventuras del buen soldado Schweik. La presencia de un tanque entremedio de pájaros, sardinas y burros, llamaría la atención de los espías, que amaban el olor de la guerra como los amantes franceses algunas gotas de perfume en las nalgas de sus hembras. Sigmund Freud acababa de decir en Viena: *Wir sind die Nachkommen einer unendlichen Anzahl von Mödern. Die Mordlust steckt uns im Blute. Nun im Krieg werden die Kulturauflagen abgestreift und die uralten Bestien treten hervor.* (Somos los sucesores de un número interminable de asesinos. Llevamos las ansias de matar en la sangre. Sólo mediante la guerra dejamos caer las máscaras culturales y permitimos que las bestias primitivas muestren sus rostros.)

Informado el dueño que doña Magdalena y Alia Emar querían adquirir levadura para la torta, trece velas de colores, y un pote de mermelada inglesa de naranja, le suplicó que esperaran mientras él traficaba repuestos de automóviles que revendería en Grecia. Para hacerles más grata la espera las sentó en la mesita del rincón donde había magazines y puso en el fonógrafo el *allegro* del *Concierto n.º 22 para piano y orquesta* de Mozart. Hizo sus transacciones habituales con tal talento para el regateo que sonrió al pensar que su hermana lo tenía poco menos que por un bohemio drogadicto, y al abrir las cajas con velitas cumpleañeras el azar dirigió su vista a la muchacha. Alia Emar estaba imantada a la bocina de la vitrola casi como una exaltación en vivo del cachorro embrujado de la RCA Victor que reconocía en la reproducción «La Voz de su Amo».

La eximia digitación del concertista en sus felices arrebatos le causaban a la chica sin duda una cosquilla que le estremecía hasta las puntas de los pelos. Cuando Jerónimo le preguntó si la música le gustaba, ella dijo la frase desde la cual él databa el inicio de su amor.

—Así soy yo.

El hombre creyó perder el equilibrio, la caja de velas y candelabros se derramó por el piso haciendo el ruido de una jauría de animales, y la garganta se le puso dura cual si la hubieran clausurado con cemento. Desde esa precisa turbación supo que su vida adquiría finalmente un sentido: esperar que las velas se consumieran de año en año insufladas por el mistral y que la pequeña llegara jadeante a los dieciséis años para pedirla a su madre en matrimonio. Él mismo envolvió las vituallas de aniversario, y sin que les fueran pedidas ni pagadas agregó en el paquete serpentinas, trompetas de cartón envueltas en cartulina dorada con estrellas azules, cartas con mínimos unicornios verdes, golosinas irlandesas, para finalizar sacando de la sección librería la reciente traducción al malicioso de *La cabaña del tío Tom*.

—Éste es el único libro escrito por una mujer que tengo.

Sin envolverlo lo cruzó por tomo y lomo con una cinta rosada, y aplicándole a ésta el filo de las tijeras, hizo una rosca festiva que le dio al volumen aspecto de regalo. Lo puso en las manos de la chica, y cuando la madre pagaba en la caja su parte de la transacción, Jerónimo aceitó sus cuerdas vocales con un poco de saliva, y en un murmullo, acercó los labios a los lóbulos de la niña:

–Cuando lo hayas leído, date una vuelta por aquí para que lo discutamos.

El *allegro* terminó en ese momento y con los acordes levitantes también se calló el fonógrafo. La pesada aguja se mantuvo rayando el círculo de acetato alrededor de la etiqueta, y la chica pareció confundida de que Mozart y los chirridos salieran del mismo artefacto.

Ahora, muchos años después, antes de dejarse sucumbir en la siesta previa a su boda, le echó sonámbulo una última mirada al reloj que marcaba las dos once minutos, y no pudo sino sonreír ante los caprichos del cura, que desde la torre de la iglesia dejaba escapar cuatro contundentes, insólitas campanadas.

26

En la biblioteca municipal de Gema había cerca de cien libros, la mayoría en alemán, cinco o seis en italiano, y unos veinte en malicioso. El recinto era una pieza al fondo del ayuntamiento, la puerta siempre abierta, y ningún funcionario que se hiciera cargo. Cierta vez que el joven Esteban Coppeta le sugirió al ceñudo alcalde que lo nombrara bibliotecario jefe para cuidar de esos volúmenes, éste le había replicado: «No se preocupe, amigo, que en esta isla los libros se cuidan solos.»

La salomónica frase la pudo atestiguar el hermano del desechado eventual funcionario público cuando al hojear los volúmenes notó que sus páginas estaban religiosamente pegadas. El único libro que parecía trajinado, e incluso falto de algunas hojas orgásmicas era *Las memorias de una princesa rusa*. El resto se mostraba más bien incólume, salvo el *Gran diccionario alemán-malicioso*, la *Enciclopedia italiana-maliciosa*, y los manuales *Italiano veloce* y *Deutsch, jawohl* que habían sufrido los desvelos intelectuales de los colegiales de la primaria, pues no quedaba vocablo que no estuviera manchado con mermelada, mantequilla, jugo de ciruela, fideos petrificados, o mocos ya marmóreos.

Reino buscó en el compendio alemán el nombre de su padre, y lo encontró con la sentencia: «José Coppeta: aventurero malicioso que intentó sin éxito desanexar Gema del continente.»

De haber tenido fósforos en aquel momento habría prendido fuego no sólo a esa página sino también al total de la desinspirada enciclopedia.

Nervioso, puso entonces las hojas del diccionario italiano, hasta dar con su padre:

«José Coppeta, héroe italiano que pretendió declarar la guerra al Imperio autrohúngaro para librar Costas de Malicia y establecer una revaluación del pacto comunitario con el Principado de Venecia. Contribuyó grandemente a desarrollar la estrategia del Pelotón Coppeta, base de grupos de guerreros informales que llegaron a constituir más tarde los partisanos. Cariñosamente apodado el *Loco Coppeta* fue descabezado en una emboscada a bordo de un navío austrohúngaro.»

De esas alentadoras líneas, Reino saltó a la P para ver si las tácticas bélicas del «Pelotón Coppeta» puestas en circulación por su ancestro podrían ayudarlo en la batalla frontal que se avecinaba contra una flota de lujo a cargo nada menos que de un almirante. Su afán lo llevó en efecto a Pelotón Cucú que parecía definido como «modalidad informal de grupos de combate. Véase Coppeta, José.»

La voluminosa biblioteca estaba ordenada por alfabeto según los títulos. Comenzaba el estanco superior con la A y el texto *Las arañas africanas*, donde las ilustraciones superaban en horror a las descripciones y cuyo momento más mórbido incluía el esqueleto de una jirafa tras haber sido expuesta al ataque de un batallón de himenópteros formícidos carnívoros.

Sólo por curiosidad vio que el último texto representaba a la letra Y. Su título era *Las yerbas del Mediterráneo*, donde recomendaban entre otras el rosmarín para condimentar el cordero y el sésamo como aliciente de la mesa en el tradicional pollo crispante.

Entre ambos extremos se hallaba su letra, la G de guerra. Aquí sí la variedad era enorme. Al extremo que se podía elegir entre dos títulos: *La guerra de los sexos* y *Contra la guerra*, poemario pacifista en malicioso de la poeta Maya Goñi, cuyo primer verso era: «La herida bajo el corazón de Cristo tiene la forma de las Costas de Malicia; aquí entró la lanza del guardián insensible.» Siendo el resultado de su pesquisa equivalente a cero («huevo, cero sobrevivientes, Reino») y considerando que salvo los diccionarios los libros no servirían ni de escudo para meterlos bajo la camisa, decidió salir a plena luz del sol, donde ya las familias más excitadas se dirigían a ocupar los primeros bancos de la iglesia para el cambio de anillos del siglo.

Justo en ese momento oyó sonar cuatro campanadas, y calculó que en cerca de treinta horas los austríacos entrarían en su patria «volando verga».

Esas campanas le recordaron que el cura, por parchada y brillosa que estuviera su sotana y por desdentados que sonrieran sus caninos, era el representante del Vaticano en Costas de Malicia.

En la escueta plaza frente a la iglesia, Torrentes observaba con un catalejo la torre, desplazándose con actitud criminalística y contorsiones excéntricas. Al bajar el lente sobre su saco gris se rascó la cabeza, mitad calva en el centro e hirsuta en las sienes, con el frenesí de un colegial. Detuvo del brazo a Reino y a duras penas dibujó una sonrisa:

—¿Usted es de aquí, joven?

—Aquí todos somos de aquí, caballero. ¿Por qué?

—¿Usted se ha dado cuenta de que esa campana no es posible?

—¿Qué tiene de raro la campana?

185

—No se atiene a las leyes de la física.

—Si no se atiene a las leyes de la física, debe atenerse a otras leyes.

Sin despedirse, el joven inició su marcha hacia la sacristía. El cura había cerrado la iglesia ordenando que su interior se decorara como torta de novia. Para ello, Jerónimo supo desprenderse de una partida de telas destinadas a un sultán turco.

Fue hasta la oficina del cura y lo halló untándose el pelo con una masa de gelatinosa gomina. Vestía una sotana de impecable blanco bordada con filigranas en hilo de oro, y al descubrir a Reino, tomó un trapo azul, se frotó las pegajosas manos, y se puso a ordenar su cabello color miel con viriles golpes de peineta.

—¿Qué te trae por aquí, muchacho?

—Hablar con usted, padre.

—Pues no es el día indicado. Con el matrimonio del señor Franck nuestra iglesia está echando la casa por la ventana. ¿O hay alguna extremaunción en vista?

—No. No por ahora —dijo Reino, fúnebre.

—Vuelve el lunes, chiquillo, y llévate una estampita de San Roque.

—El lunes será demasiado tarde.

—Uy, eso suena como balada napolitana.

—¿Leyó *La República*, padre?

El cura tomó unas finas tijeras y aproximándose al espejo fue cortando algo de la frondosa chuleta de obispo griego que no combinaba con el rigor formal de su nuevo peinado.

—Hombre, qué numerito que te mandaste. Los austríacos te deben andar buscando para caparte a uña —dijo con una sonrisa.

—Lo único que hice fue defender la patria de una invasión extranjera.

—¡Tiempo perdido! Por Costas de Malicia ha pasado cada raza y tribu del universo desde que el hombre fue creado y en medio de esa mezcla nadie puede decir quién es o quién no es extranjero. Patria es lo que permanece, lo que es eterno. Y lo que permanece es el cielo.

—Usted lo dice porque es austríaco.

—Hijo, yo soy un cura. Un hombre de Dios en la tierra.

—O sea, usted es el representante del Papa en Costas de Malicia.

—Guardando las distancias, sí. Pío X come codornices y yo lombrices, pero los dos nos nutrimos de criaturas del Señor.

El joven se puso de rodillas, tomó el ruedo de la flamante túnica confeccionada por las estilistas de Alia Emar y pagada con los fondos de Jerónimo Franck, y besándola con unción, refugió su rostro en la tela.

—¿Qué haces, muchacho? Vamos, vamos. Levántate.

Pero Reino mantuvo su rostro envuelto en la túnica y habló con voz tan ahogada que el cura apenas alcanzó a oírlo.

—Ayúdeme, padre. La realidad pesa horrorosamente.

—Claro que sí. Un valle de lágrimas. Eso es parte de nuestro negocio, hijo. Pero de vez en cuando hay que olvidarlo. Para eso existen las fiestas, los carnavales. No podemos untarnos todos los días en lodo y cenizas. *Kopf hoch*, Reino Coppeta.

El joven se echó atrás el cabello rebelde, se puso de pie, y cogió en sus manos el crucifijo que colgaba sobre el pecho del sacerdote, y detuvo largo tiempo los labios sobre una humilde madera.

—Ayúdame, Dios mío —dijo.

El sacerdote se retiró vacilante.

—¿Qué quieres concretamente de mí, chiquillo?

—Que hable con el Papa y le pida que detenga la flota del imperio.

—¿Que yo hable con el Papa? ¡Si ni siquiera sabe que existo! Para

Su Santidad valgo tanto como la última pulga en la cola de un perro.

—Van a matarnos a todos, padre. No puede permitir que sus corderos sean devorados por el lobo. Usted dijo que era nuestro pastor.

—¡Pero no vuestro encubridor! Reino, degollaste a un pobre soldado de dieciséis años totalmente inocente.

—No hay soldado inocente, cura.

—¡Obedecen órdenes!

—Pero Dios nos dio una cabeza para discriminar entre las órdenes justas y las perversas. ¿Si no para qué creó Dios al hombre libre?

—Escucha, Esteban, no es hora de discutir de teología.

—Se lo pedí de rodillas, padre.

—De rodillas rezaré por ti.

—No soy *yo* el que cuento. Van a matar a todos los hombres de la isla. La gloria de su maldita boda será borrada por un ciclón de sangre.

—Rezaré por todos ellos. Ahora, márchate.

—No quiero que rece ninguna pendejada. Usted vio morir a mi madre. Usted le juró que cuidaría de nosotros.

—¿Qué mierda quieres que haga?

—¡Hable con el Papa!

El sacerdote caminó de vuelta al espejo: miró su imagen grave. La excitación de hacía algunos minutos había emigrado de sus rasgos. El pelo pegado con gomina sobre las sienes, que antes le había parecido una venial coquetería, ahora lo impresionaba como el maquillaje de un barítono operático. ¿Por qué la vida era así? Décadas que no pasaba nada en estos aledaños del universo, como no fuera el austríaco con su tienda y su ramal de contrabandos hacia Grecia, y de pronto en una sola jornada todo el mundo se ponía histérico.

El joven Reino, loco de atar, guaripola de chiflados, tambor mayor de dementes, un lobo parido por la luna sin otra inteligencia que el instinto y su insufrible piedad y amor a Cristo, acudía mesándose los cabellos cual un sarnoso Job y le pedía que interviniera ante el Papa.

Una hora antes, la bellísima Alia Emar, una mujer en la que las virtudes del Creador gritaban la belleza del universo, la novia del siglo, acudía a su confesionario en medio de un hervidero de sombras, para preguntarle, cuatro horas antes de su boda, si era verdad que el suicidio sería castigado con el infierno, no importaba cuán justas y piadosas fueran las razones.

—Está bien, hablaré con el Papa.

—¿Cuándo?

—Mañana.

—Mañana estaremos todos muertos. Tiene que ser ahora.

—¿Y cómo lo hago? ¿Tú crees que el Papa le da a todo el mundo su número?

—No lo sé. Pero yo lo tengo.

—¿El número del teléfono de Pío X?

Reino le alcanzó el papel y se mantuvo mirándolo con la gravedad de un difunto. El cura palpó la hoja de papel como si dudara de su materialidad y luego, pensativo, se retocó con la mano libre el nuevo peinado.

—La salud del Santo Padre está deteriorada. Ha profetizado que en 1914 estallará un gran conflicto. Odia tanto la guerra como el modernismo, ¿comprendes?

—No.

—Ahí está el problema, pues.

—No entiendo, padre.

—Quizá este ataque a Costas de Malicia sea el comienzo de la gran guerra que el Papa anunció.

—Mayor razón para que quiera evitarla.

—¿Y contradecir su profecía?

Reino agarró la sutil tela del flamante atuendo del sacerdote y la agitó con tal furia, que al soltarlo, el cura perdió el equilibrio y cayó al suelo.

—Usted no es un hombre de Dios. ¡Usted es un jodido carajo puesto aquí por el diablo!

—Estas herejías dichas dentro del templo te garantizan una doble eternidad en el infierno —exclamó el cura, levantándose, con una mano empuñada.

—¡Usted cree que el Santo Padre no va a frenar una guerra porque hizo una apuesta que quiere ganar! Ni siquiera a una rata se le ocurriría semejante desgracia.

El cura se humedeció los labios y sacudiendo la pechera de su túnica comprobó que los dedos blasfemos del muchacho no hubieran quedado impregnados en ella.

—Está bien. Vamos a llamarlo.

Se sacó de un par de manotazos el nuevo atuendo y arrastró a Reino del codo hacia la salida. En la puerta estaba aún el viejo Torrentes atento al campanario y refugiado en la sombra de una cornisa cual un gato que se apresta a saltar sobre un pájaro distraído.

Frente al muelle encontraron al telegrafista amparado de la canícula por el vértigo de un pequeño ventilador que le volaba el pelo contra la pared. Solemne, limpiaba con un trapo atado a un alambre el caño de una carabina. Al ver a Reino y al cura juntos escupió cortésmente al suelo y volvió a su faena sin saludarlos.

—Quiero hacer una llamada internacional —dijo el cura.

El hombre indicó el teléfono con el mentón y luego levantó el caño del fusil para espiar su interior cerrando un ojo.

—Marque el número de la telefonista en Agram, y ella le transferirá la comunicación.

—¿Qué número?

—Uno.

El cura quiso hacerle un chiste sobre la complejidad de esa cifra, pero enseguida recordó que había leído esa broma en otra novela y la reprimió. Marcó rotundo y encaró la dura expresión de Reino sin una sonrisa.

—Señorita: déme el 5550, en la Ciudad del Vaticano.

—¿Es una llamada de persona a persona?

—Persona a persona, señorita.

—Y ¿con quién quiere hablar allí?

El cura hinchó el pecho y logró enronquecer la voz como si la invistiera de gala.

—Con el Papa —dijo.

27

Esteban oyó las cuatro campanadas cuando exhausto por el camino recorrido se había parado a beber el agua tibia de su cantimplora. No quiso reflexionar ni un segundo sobre este inconveniente que se cruzaba en su ruta. Sólo supo que emprendió el camino de vuelta al pueblo trotando con la elasticidad de un maratonista y echando sudor por las sienes, la frente, la nuca, los pulmones y los pies. Corrió más rápido que los zorros y los conejos que se le atravesaban desde los matorrales, espantó con alaridos a un rebaño de cabras que cruzó eterno e indiferente el sendero de guijarros, aplastó una lagartija aturdida por la densidad de esa luz que caía hecha una masa de diamantes, y mojó las rocas al apartarse de un manotazo la transpiración en la frente.

Tuvo una alucinación en el momento que una bandada de cuervos le precedió en el camino cual un lazarillo azabache que lo incitaba a correr más rápido: de los travesaños que sostenían la campana del templo, pendía Alia Emar moribunda y su lengua colgaba como el péndulo oxidado de la campana.

Se imaginó a su lado desgarrando con los dientes la soga que oprimía su cuello, disminuyendo con los dedos febriles los párpados sobre esos ojos ausentes e ignorantes del mundo.

La angustia de la carrera hizo que la distancia le pareciera infinita, pero sus piernas iban más rápidas que sus aprehensiones y al cabo de dos horas pudo oír las ondas intermitentes de las primeras turumbas entre el estallido del mar sobre los arrecifes. Con el declinar de la tarde subió una brisa fuerte y remontó la energía en su corazón desbocado. Quiso enfrentar lo peor ya mismo y luego proceder con ese impulso que al mismo tiempo odiaba y admiraba en Reino: acción.

¿Sería ésa la clave para entender la vida? ¿Adiestrar al cuerpo para que fuera siempre delante de los pensamientos? ¿Por qué si provenían de la misma madre y de su nutricia ternura, él se hundía en las encrucijadas sin definir rumbos, en tanto que Reino sólo tenía que ocupar su mente para ocultar las huellas de sus acciones ilícitas?

No había sacado nada en limpio amando a Alia Emar con la monótona disciplina del tímido. Durante años estuvo tejiendo un enredo de sueños donde era sensualmente suya con la perfección de las quimeras, pero al mismo tiempo esquivando esa angustia que ofrece la torpe realidad.

Otros la abordaban en el muelle y le besaban las rodillas, le proponían juegos con los ojos cerrados para robarle un beso, envolvían su cintura durante los bailes, y con los dedos erectos le palpaban los pezones, oprimían sus frágiles costillas en abrazos de rudeza viril, los dientes brillosos de lujuria.

En la plaza tuvo una vez más el testimonio de su insignificancia. Se había marchado del pueblo a Nueva York y nadie parecía saberlo. Los mozos se pasaban las botellas de slíbovitz con la destreza de corredores de postas, aludían con chistes de doble sentido a los elegantes trajes que habían pedido prestados a los parientes de Agram para estar a la altura de la ceremonia. Y sobre todo, inventaban posibles desenlaces a la noche nupcial de Franck y Alia Emar como si los diez años de chismes y mitos del himeneo de la Matarasso iniciaran estas vísperas una alborotada resurrección.

Esteban se abrió hacia la parroquia aledaña e hizo girar sin ruido la manilla de bronce. El sacerdote estaba de hinojos, la cabeza caída sobre el pecho, frente a un rústico crucifijo de artesanía local. En medio de los estruendos que mezclaban juegos de niños con cantos de borrachos y sirenas de vapores que atraían a los curiosos de Curica, la espalda del religioso lucía maciza en su soledad y silencio. Prefirió no interrumpir sus oraciones y en punta de pies se fue por la parte aledaña a la capilla. Desde allí gateó hasta la escalera en espiral que conducía a la torre para evitar que lo descubrieran los ujieres que ya habían transformado la mínima iglesia en una catedral de luz.

Esteban siguió gateando sobre los peldaños hasta que la escalera se enroscó en la oscuridad, y entonces palpó las murallas como si las conociera de memoria. En un momento se detuvo, y pensó que quizá sería mejor no seguir. Desde el deceso de su madre que no le había pasado nada importante en su vida, y ahora tenía el amor y la muerte rugiéndole con la misma autoridad. Si su fantasmagoría de Alia Emar resultaba cierta, y la *imagen* de muerte se transformara en *materia* de muerte, éstos serían también los últimos instantes de su vida. Ya sabía de una roca filuda donde desnucarse para luego ser anónimamente tragado por el mar. Un mes después, alguna noche en la taberna, alguien preguntaría aburrido por los Coppeta y el mesonero diría que el joven Esteban hipnotizaba a las chicas neoyorquinas con su mirada azul. Pero en verdad, sus ojos habrían sido picoteados por los cormoranes y su esqueleto yacería cerca de los arrecifes, desnudo y definitivo.

Quedaba un último trecho para la temeridad y la esperanza. Acometer la escalera de palo, casi clandestina, que llevaba al cuarto donde la había encontrado la última vez. Ese espacio que nadie osaba profanar temeroso de los murciélagos y de los misterios físicos y metafísicos que sostenían el campanario en lo improbable e inexplicable. Allá arriba sabían esperar el sol las salamandras, y los grillos parecían congelados en un silencio impenetrable. El lugar más alto del pueblo, que deslumbraba a los navegantes con su equilibrio de fantasma, era al mismo tiempo el más intimo, el sótano elevado de los corazones audaces. Al avanzar sobre los escalones supo que estaba invadiendo un recinto en el cual su intimidad era destronada. Algo indefinible y turbulento mandaba en ese espacio.

Cuando discernió a Alia Emar en el ángulo que formaban los muros de barro y cal, desnuda, con las manos sujetando sobre la cabeza el cabello para evitar que cayera sobre sus senos, aguzó el oído rogando que respirara. Real o mentira, aunque su vida no durara más que un minuto, Esteban admitió a sí mismo que ésa era la coronación de su vida. Un Dios confuso y errático le ofrecía la carencia y la plenitud en un solo gesto.

—¿Por qué tardaste tanto, Tebi?

El muchacho se encogió de hombros, y luego se frotó ferozmente los párpados con los pulgares. Avanzó hasta la chica y puso una mano sobre su hombro derecho, helado.

—Estaba lejos.

—¿Por qué?

—Huía.

Tragando saliva, Esteban se abrazó a sí mismo protegiéndose de un súbito estremecimiento.

—¿A qué hora es la boda? —preguntó sintiéndose el bobo más grande del universo.

Alia Emar despegó las rodillas. Luego puso la mano derecha sobre su vientre, y trajo su húmedo perfume hasta el pómulo del chico marcándole una cicatriz con su líquido.

—Mírame, Esteban.

En la incierta penumbra, la chica lo tomó del mentón y lo obligó a que sus ojos azules enfrentaran el leve reflejo que venía de las antorchas.

—¿A qué hora es la boda? —insistió el joven.

La novia enterró sus manos en el pelo del muchacho, revolvió sus raíces, y luego besó la nuez de su cuello que saltaba fuera de control.

Lo apartó un trecho, untó ahora la frente con la secreción de su vagina y diseñó un círculo sobre las cejas marineras que enmarcaban los ojos como dándole una orden escrita que el chico no atinaba a entender. Entonces entreabrió un trecho más los muslos, extrajo otra gota de su flujo, y con la decisión altiva de su mentón desafiando las estrellas, empujó sin resistencia la quijada de Esteban hacia su vientre, y condujo con precisión los gruesos labios del chico hasta su clítoris. Bastó el roce de un beso, para que Alia Emar sintiese que cada nervio estaba conectado a esos específicos labios.

Esteban supo hasta el más recóndito trozo de cuerpo que no entendía. Que todo estaba hecho de una complejidad inabordable a la cual su inteligencia o voluntad no le daba acceso. Ahora Alia Emar le ponía las manos sobre el rostro y entre las falanges estiradas, espiaba con una sonrisa el fondo de sus ojos. Dudó de su instinto que le exigía la violencia, desbarrancar sin más dilación su miembro entre los muslos regados de calentura, y se mantuvo rígido, confuso en su vacilación.

Por ella se había ido de la isla, por ella había vuelto. Por ella había considerado la muerte como una compañera deseable, por ella sujetaba ahora la feroz esperma y la dolida lágrima.

—Explícame —dijo ronco.

—¡Ahora! —susurró Alia Emar.

28

R evisó los cañones asegurándose que los proyectiles estuvieran al alcance de los marinos en caso de que fuera necesaria la maniobra que él llamaba «noche de carnaval», es decir, disparar toda la batería al mismo tiempo, aún sin hacer puntería, con el propósito de que el pavor pulverizase cualquier asomo de resistencia.

Como un almirante fraternal y democrático habló con cada miembro de la tripulación, inquirió acerca de la cena que habían degullido esa tarde a las seis, hora austríaca, y quiso saber si el *cepavici* de cordero estuvo aliñado tal cual lo hacían en sus casas maternas.

Aunque la batalla sería ignominiosamente fácil, reunió bajo la argentina y trozada luna al total del contingente y los arengó a combatir en Costas de Malicia, evocando con la voz acuosa a las madres desconsoladas que habían quedado «huérfanas» de sus hijos, o «viudas» de sus vástagos, o solas como una bandera pisoteada «en el burdel de la vida».

Resuelto a levantar el ánimo de la tropa había hecho imprimir en Curica doscientas copias del artículo de Pavlovic para condimentar así la ira de los grumetes quienes no desearían más que devolver la mano a los secuaces del tal Reino Coppeta, verdugo de inocentes, delirante xenófobo, rata de muelles, perro sarnoso y pulguiento, quien con sus consignas primitivas sublevaba a los maliciosos contra el progreso, la cultura, la espiritualidad que con buen talante les ofrecía el imperio.

Terminada la prédica se había recogido a su camarote. Descalzándose las botas, desabrochó la bragueta, se desnudó, e hizo subir hasta el tope del vaso cristalino una dosis de coñac francés. Era la hora de visualizar en el horizonte su jubilación: repartir su virilidad entre las nalgas de la esposa y la zorra de la amante con pareja concupiscencia.

Ése fue el momento cuando en el umbral del cuarto se epifanizó su edecán, marica designado por el Ministerio de Relaciones Exteriores; «Relaciones Posteriores», según la penetrante metáfora con que la prensa se burlaba de los decadentes nobles nulos en política internacional, quienes con pedantería leguleya disparaban injurias al mundo que la flota y el ejército tenía que arreglar luego con balas reales.

—Pasa, lindo —le gruñó sin tapujos.

Vacilando entre tomarlo como un halago o un desprecio, el edecán se abanicó con un pañuelo. En un vuelco prodigioso transformó la sonrisa en rubor, y tras tragar un boquerón de saliva, en palidez. La presencia de las contundentes bolas del almirante con sus negros pendejos ondulados, lo había seducido, y luego servilmente desinflado.

—Perdón, almirante —dijo—. He interrumpido su merecido descanso.

—No se preocupe, solamente me estaba rascando las bolas.

—Si me permite un elogio, mi capitán, son unas bolas magníficas.

—Viniendo de usted, aprecio ese elogio. ¿Qué lo trae a esta mísera cobacha, edecán?

El hombre se tocó el botón de su cuello sin veletas como si estuviera abierto y quisiera cerrarlo para darle más peso a sus palabras, y dijo en un sibilino susurro:

—En la sala del telégrafo hay una cierta personita que quiere hablar con usted.

Mollenhauer disfrutó el gesto femenino con que su sirviente se metía las manos entre los muslos como una chiquilina a punto de orinarse de emoción.

—¿Quién es? —rugió.

—El Papa, mi almirante.

—¿Se volvió loco, reverendo maricón?

—Se lo juro por Dios. En el telégrafo le tengo al Santo Padre.

Mollenhauer se abotonó la bragueta y liquidó con un solo envión el dorado coñac que había decidido beber gota a gota, de nalga a nalga oníricas.

—Si es una broma, edecán, puede usted irse despidiendo de su puesto y de sus pelotitas.

—¡Es el Papa, *monsieur*! El dulce Pío X al habla.

En la sala, el telegrafista observaba lívido su teclado, las manos cruzadas y haciendo crujir sin cesar las falanges.

Se cuadró delante de Mollenhauer e indicó su artefacto Morse.

—El Papa lo espera, señor.

—Dígale que ya estoy aquí.

El oficial punteó la información y deprisa recibió la respuesta.

—El Papa dice que pide a Dios que lo bendiga a usted y a su tripulación.

—Dígale al Papa que lo bendigo a él y a todos sus feligreses.

—El Papa le ruega que lo excuse por interferir en asuntos humanos, pero que no olvide que Jesús fue un Dios que se hizo hombre.

—Dígale al Papa que suelte la pepa.

—¿Señor?

—Dígale al Papa que sólo espero sus órdenes para servirlo.

—Dice el Papa que sabe que usted avanza sobre Costas de Malicia en son de guerra.

—Dígale al Papa que veo que Austria mantiene su confianza en él para revelarle un secreto de Estado de esa envergadura. Gracias a Dios y a los austríacos que lo apoyaron en el cónclave de 1903 es él hoy el Santo Padre y no su rival de entonces el cardenal Rampolla.

—Dice el Papa que no olvida ese enorme favor que él nunca pidió. Dice el Papa que viendo cómo van las cosas en el mundo, hubiera deseado no moverse jamás de Riese, su pueblo natal, y haber sido cartero igual que su padre.

—Dígale al Papa que ha sido un gran Papa y que a esta altura ya es muy tarde para despaparse. Dígale al Papa que esto último es una broma.

—Dice el Papa que ha reído de buena gana y le recuerda que en los Evangelios, San Mateo dice que hay que dar con alegría porque Dios ama al dador alegre.

—Dígale al Papa que diga ahora lo que tenga que decir.

—Dice el Papa que detenga la flota y que vuelva a su base. Dice el Papa que los isleños de Costas de Malicia son buenos católicos y que no merecen ser víctimas de una masacre.

—Dígale que los buenos católicos maliciosos han degollado a diez de mis muchachos, excelentes católicos, como crueles carniceros.

—Dice el Papa que no lo han hecho con mala intención.

—Dígale al Papa que entonces mis muertos gozan de excelente salud.

—Dice el Papa que el patriotismo lleva a los chicos a excesos que por ningún motivo justifica.

—Dígale al Papa que corresponde al emperador juzgar quién es un patriota y quién no.

—Dice el Papa que él es un humilde servidor de un solo emperador, Nuestro Señor Jesucristo.

—Dígale al Papa que excuse este lugar común, pero que al César lo que es del César.

—Dice el Papa que rezará para que Dios ablande su corazón.

—Dígale al Papa que aprecio mucho el consejo que no le pedí.

—Dice el Papa que entiende la ironía. Dice el Papa que quizá podría usted reemplazar el castigo físico a los maliciosos por alguna acción de carácter simbólico. Un castigo moral.

—Dígale al Papa si conoce de alguna guerra que se haya ganado con moral. Ni las Cruzadas.

—Dice el Papa que sabe que Dios lo inspirará.

—Dígale que ha sido un honor…

Mollenhauer iba a decir «haber oído su voz», mas al ver cómo el telegrafista picoteaba su sistema Morse se quedó callado. Girando sobre los talones le dedicó un gruñido al edecán y de pésimo humor se tendió sobre su catre sin sacarse las botas. Ahora bebió apático un nuevo vaso de coñac, y cogiendo un largo capilar que se le asomaba por la nariz lo fue acariciando mientras unía impresiones sueltas.

Nunca se había arrancado ese descarado pelo pues lo consideraba su asesor en materias de meditación trascendente. Según iban las cosas, más temprano que tarde Costas de Malicia iba a ser anexada por Italia, y lo que el conservador Papa intentaba hacer en el fondo era salvar de la muerte a futuros italianos. Un gesto como el que le proponía, bien publicitado, valdría oro para la política del Vaticano en las coyunturas venideras.

«Una acción de carácter simbólico», se dijo.

29

Aunque apenas el día anterior Jerónimo había hurtado de su propio negocio un paquete de hojas de afeitar Gillette azul y procedido en la mañana a rasurarse minuciosamente, al llegar la hora de partir a la iglesia, se palpó pensativo la quijada, advirtiendo que la barba se ennegrecía otra vez de tercos pelos. Decidió inaugurar una nueva navajilla, aunque la publicidad que colgaba enmarcada en El Europeo afirmaba rotunda que una misma Gillette había desbrozado con total eficiencia a veinte barberos. Los fígaros aparecían con sus barbillas tersas y luminosas cual ampolletas. Lleno de espuma frente al espejo fue presa de dos sentimientos contradictorios: el *feliz* le anunciaba que la siesta había sido tan cabal, que en ese trecho toda una agricultura surgió en su rostro; así se daba por cumplido el propósito de ese descanso. Como proclamaba su padre: cada hora de siesta saca de encima cinco años. Haberse echado en sesenta minutos una década no era *performance* menor en vísperas de una noche nupcial.

Palpó su barbilla doblemente rasurada, se puso la chaqueta del frac, comprobó que los ostentosos anillos ceremoniales estuvieran en el bolsillo interior, e insertó en el ojal la rosa amarilla que conjuraría la presencia de cualquier mal. De paso por su habitación tocó una vez más el exquisito balde de plata que mantenía enhiesta en barras de hielo la botella de champán, y palpó también las dos bruñidas copas altas venecianas con las cuales haría el brindis que desembocaría en la lujuria del amor. Su hermana ya lo aguardaba en el portón de salida y le sostuvo el sombrero de copa mientras él procedía a cerrar indefinidamente su almacén.

—Hay algo que no me has dicho —exclamó Paula sin mirarlo mientras caminaban hacia el templo entre los curiosos a quienes Jerónimo saludaba tocándose el ala de su Stetson.

—Hay mucho que tú no me has dicho —replicó el hombre, sin dirigirse a ella.

—Después de cada boda y su sudorosa noche de amor en todo el mundo se estila una luna de miel. ¿Esta vez tendrá lugar?

—Naturalmente.

—¿Y podría saber con qué rumbo?

—¿Con qué rumbo? Pues de tumbo en tumbo a Nueva York.

—Un lugar algo más hóspito que estos arenales.

—Y sustancialmente más poblado y lejos de la guerra mundial.

—¿De qué guerra me hablas?

—De la que profetizó el Papa para 1914. Te recomiendo que hagas más temprano que tarde tus valijas de cocodrilo y salgas de Europa.

—¡Oh, no! Todo lo que no es Europa es bárbaro.

—Me alegro mucho de esa frase tan aristocrática. Hazla grabar en tu epitafio.

—Querido, si la famosa guerra estallara Austria lucharía al lado de Alemania. El imperio se extendería hasta los países árabes.

Jerónimo sonrió.

—Mayor razón para huir hacia el oeste.

—¿Y cuándo piensas volver?

—Tengo una duda entre dos períodos, hermanita.

—¿Cuáles?

—Nunca y jamás.

Una ovación saludó a Jerónimo cuando atravesó la plaza. A sus espaldas se acumularon los más impulsivos e impertinentes que querían estar en las primeras filas del templo durante el intercambio de anillos, y sobre todo, ver el beso nupcial. Igual que con las hazañas deportivas de sus atletas el pueblo malicioso sentía ahora que la boda de Alia Emar les pertenecía.

Había algo mágico en las grandes fiestas que creaba, o actualizaba, esa sensación de estar entramados. Los muchachos de la emboscada, vestidos con pantalones grises y camisas blancas, parecían intuir en un altísimo grado tal afecto. Al comienzo anduvieron merodeando el bar nimbados por esa complicidad y rencor que da la muerte, más ávidos de olvidar la sangre que de aceptar la gloria con que los adornaban las sonrisas de las muchachas, pero cuando vieron aparecer a Reino Coppeta, el cuello tieso de orgullo, de punta en blanco, el cabello domado por una feroz brillantina, y un guiño alegre que les sugería una escapada a la masacre inminente, los improvisados guerreros corrieron a baldearse en sus casas, se rasuraron las tenebrosas barbas con las navajas de sus nonos y, así de pulcros, aceptaron la invitación de Antonio y Magdalena para ocupar el sitio de privilegio en el umbral de la iglesia. Este ademán de los suegros les aseguraba una modesta y silenciosa gloria más una táctica aprobación a sus actos.

De pronto Jerónimo detuvo la lenta marcha, se sacó el sombrero, y limpió con la manga del frac el súbito sudor frío que hirió su frente. Los diez años ganados con la siesta parecían diluirse en ese líquido salado que rodó hasta su boca. Justo en ese preciso, fatal momento, el viejo Torrentes libró toda la luz de su dispendioso invento para bañar la plaza de un efervescente nitrato de plata que se derramó cual escarcha sobre los invitados provocándoles primero consternación y luego entusiasmo. Entre los aplausos, Jerónimo dijo con voz ronca:

—Falta Alia Emar.

Su hermana se mantuvo rígida, e impidió que sus palabras cargaran la más mínima intención.

—Y falta Esteban Reino.

Mas la fingida neutralidad de su hermana no contuvo el dolor del hombre. Con la misma mano que secaba su frente borró también las primeras lágrimas.

—¿Qué hiciste, mierda?

—Nada —dijo Paula.

—¡¿Qué mierda hiciste, mierda de mierdas?!

Magdalena y Antonio se desprendieron del grupo y besaron las mejillas del novio. Bajo esa luz de mármol ya las cámaras habían empezado a filmar y Jerónimo ahuyentó a los voraces camarógrafos, cubriéndose el rostro con el sombrero.

—Se nos ha perdido Alia —le dijo Antonio tomándole las manos.

Palpando los pétalos de la rosa amarilla, Jerónimo quiso conjurar la alucinación que ahora lo cegaba: el traje nupcial de su amada flotando en el mar azul, sus senos mordidos por los cangrejos y sus inmensos ojos devorados por los cormoranes. «Segundo a segundo —se dijo— la vida pende entre el engaño y el sinsentido. Pero era sólo una visión», pensó. No dejaría que la oscuridad le arrebatara su noche de dicha.

Los camarógrafos dejaron de filmar y el cura quedó atónito al abrir la puerta del templo y percibir ese silencio recoleto. Torrentes lo miró desconcertado y con la barbilla el padre dio su asentimiento para que bajara la luz.

—¿Alia Emar?

El silencio se profundizó otro grado. Algo fluido y rápido modelaba de gravedad la actitud de la gente. Sólo el mar cumplía exacto su rutina.

—¿Alia Emar? —dijo nuevamente el novio.

El pueblo dividió sus expectativas entre el escepticismo y la esperanza. Si no había respuesta ahora, el intercambio de miradas sería el augurio de una lenta deserción. Volverían a casa sin estridencias ni reproches. El austríaco y ellos eran diferentes, pero dos andanadas de dolor en un pueblo pequeño borraría lo disímil ahondando la fraternidad. No habría manjares, turumba, ni champán, sino la rústica soledad de otro fracaso y el slíbovitz artesanal en la penumbra de las cocinas.

Pero en ese instante, cuando el ánimo se ajustaba a las menguadas expectativas, un borrón blanco pareció encender el campanario. Magdalena —intuición de madre repetiría la leyenda— fue la primera en descubrirla, y compelidos por su mirada Jerónimo y Antonio discernieron en la bruma de ese silencio la presencia real de la muchacha.

—Jerónimo —dijo la chica, sin alzar la voz.

Paula se cubrió los ojos con un pañuelo y bajó la vista hacia la tierra. Sólo había tres árboles en la plaza, y los tres llevaban el nombre de José Coppeta.

—Qué horror —exclamó—. Esta niñita va a suicidarse.

El novio avanzó con los brazos abiertos temiendo que lo peor ocurriera. Su hermana tenía una intuición para detectar la desgracia que le servía de contrapeso a todas sus otras carencias.

Con la brisa de la noche el tul que pendía de la toca de la novia se agitaba en el campanario a punto de volarse y parecía una bandera blanca derramada entre las estrellas.

—Te estamos esperando, chiquita. Estamos todos aquí esperándote.

El novio abrazó a sus suegros y los exhibió cual una prueba contundente. Había pensado que si la idea de la muchacha era saltar y desnucarse ante todo el mundo, los afectos filiales se lo impedirían. Alia Emar era dueña de un sensible corazón incapaz de enlutar así a sus propios padres.

—Hola, papá —dijo triste, desde el torreón.

—Hola, chiquita.

—Hola, mamá.

—Hola, mi amor.

—Hace frío aquí arriba.

—Son los nervios, hija.

—Como un frío de adentro, ¿verdad?

—Es lo que te digo. Los nervios.

Jerónimo puso el sombrero de copa en las manos de Magdalena, la chaqueta del frac en las de Antonio, e hizo un gesto sosteniendo entre el pulgar y el índice la rosa amarilla.

—Subiré a buscarte —le gritó.

El cura amplió el hueco de ese portón que ocultaba el secreto de su decoración férica e hizo que el novio avanzara hasta la escalera de caracol. Tras cada peldaño, Jerónimo temió el aullido espantoso del suicidio entre la gente del atrio. Se puso la flor amarilla en la boca para apoyarse en los escalones delanteros y trepar más deprisa.

En la cumbre, vio a Alia Emar, de pie contra las piedras y la cabeza dulcemente puesta sobre un hombro. Frente a ella, las manos colgando entre las rodillas, ausente, estaba Esteban Coppeta.

«Todo me pasa a mí», se dijo Jerónimo, sintiendo el escalofrío de los celos en esa furia con que se cerraba la arteria de su corazón y en la iracunda erección de su miembro. La noche de su boda, la señorita, la reverenda putita, se habría dejado coger hasta las orejas por ese marrano que lo miraba ahora cual un perro huérfano que espera el azote de un verdugo.

—Ven —le dijo a Alia Emar extendiéndole la mano, ebrio ante lo que primero llamó humillación, luego cinismo, enseguida madurez.

La chica se dejó arrastrar dócil hasta su cuerpo. Jerónimo la envolvió en un brazo y con un beso penetró hondo en su cabello hasta sentir la tibieza de su cráneo.

—La suerte ha cambiado —le susurró al lóbulo—. Te encontré.

Sosteniéndola con vigor, vino hasta el espacio entre los dos torreones, y tiró la flor amarilla al vacío.

—Desde ahora en adelante traficaré con realidades. Modestas y asibles. Ningún fetiche podrá mejorar mi suerte. Tomaré lo que la vida decida darme como si cada minuto fuera a caerme muerto.

Antes de emprender el descenso se detuvo para fichar a Esteban tratando de que su desprecio lo ahuyentara para siempre. El joven sólo reaccionó despejando de su frente un mechón rebelde y puso luego las manos entre las rodillas con la inquietante pasividad de un hombre en coma. Tanto así, que por un instante, no sin cierta complacencia, Jerónimo supuso que antes de que llegara al altar para vincularse a través de los macizos anillos de oro con Alia Emar, sería el guapo Esteban quien se quebraría la yugular saltando al abismo.

En las inmediaciones del templo se hizo la luz mágica del genial Torrentes, se reencendieron las antorchas, se lavó de emergencia a la novia, se frotó con agua de colonia las manchas en la cola del traje nupcial, se afinó el órgano con el preludio del *Ave María* de Gounod, se repartió una cartola conmemorativa con la fecha de la boda y la esfinge de San Roque, se abrieron de par en par las puertas de la iglesia y antes que nadie entraron los novios y sus parientes por la muelle alfombra granate, seguidos de capitanes de la marina mercante, de los empleados de El Europeo, de los portadores de llamas de magnesio para la filmación, de los diez de la fama (a quienes tácitamente el pueblo les concedió este nuevo privilegio), del sindicato de contrabandistas, y del cónsul de Hungría en Curica y señora esposa. Recién entonces vino el total de los isleños con la sola ausencia del telegrafista, quien habiendo sacado sus propias conclusiones de la mediación entre Mollenhauer y el Papa, había optado por enrolarse como fogonero en una nave de bandera inglesa que se dirigía al puerto de Dakar.

Mientras avanzaban hacia el pódium donde se ejecutaría la ceremonia, los invitados más cercanos oyeron el siguiente diálogo entre los novios:

—¿Andas con tu encendedor de oro?

—Lo tengo conmigo, sí.

—¿Podrías prestármelo un segundo?

—Mi ángel. Pronto tendrás en tu maravilloso anular un anillo de oro que pesará mucho más que ese encendedor.

—Por favor, Jerónimo.

Habían llegado hasta el cura, y en una maniobra discreta que sólo el acólito del padre sorprendió, el novio puso el artefacto entre el cinturón de seda y lentejuelas que ceñía la cintura de su amada.

El sermón contuvo el desprecio de ciudad y alabanza de aldea invariable en bodas, bautizos y entierros, puso por los cielos a los simples corazones rurales que mantenían la pureza intacta en sus almas, insistió en que Dios había escogido a Costas de Malicia regalándole el milagro de ese campanario que asombraba a los más connotados científicos (a la sazón clavó su mirada en el inventor Torrentes), e interpretó ese gesto del Señor como una metáfora de que el hombre con fe puede mover montañas. Hasta aquí nada interrumpía el ensamble de lugares comunes con que el padre condimentaba cada himeneo.

Mas al llegar a la pareja concreta que se ponía de hinojos para recibir la bendición del Señor, agregó que «este sagrado vínculo» era el colofón de una larga y soterrada guerra contra la superchería pagana aliada a la xenofobia. Jerónimo tuvo que enrojecer cuando el padre, con pausas calculadas, dijo que el Hijo de Dios también había sido extranjero entre los hombres, y que su especificidad divina fue aquello que los condujo a crucificarlo. Más dulce fue el martirio del Señor (Jerónimo previendo la sentencia venidera apretó el antebrazo del padre con una muda súplica para que no la dijera) que la de Jerónimo Franck, quien durante diez años, por la simple desgracia de Marta Matarasso en la que no tuvo arte ni parte, cargó la cruz del celibato.

—Hoy, el bondadoso extranjero desposa a la más bella de nuestras hijas. Así como ella le entregará su virtud, celosamente protegida por don Antonio y doña Magdalena, los habitantes de Costas de Malicia le regalan a Jerónimo Franck sus corazones, agradecidos de que nos trajera educación, piadosas dádivas, música, cine, mercaderías, y cosmopolitismo.

El órgano se derramó en un volumen apropiado para Notre-Dame y tras un *Ave María* cantado en italiano con chirriante acento local, el cura pidió a todo el mundo que se pusiera de pie, y luego de una pausa, donde aún el eco de la música seguía retumbando en la bóveda, llegó el texto clásico:

—Jerónimo Franck, ¿aceptas por esposa a Alia Emar?

—¡Imagínese, padre!

—Es «sí», entonces.

—Sí.

—Alia Emar, ¿aceptas por esposo a Jerónimo Franck?

La chica le indicó al sacerdote que se inclinara y le habló muy despacito en el lóbulo de la oreja.

Luego se levantó sin que nada de su atuendo trabara la flexibilidad de sus músculos, y abriendo las piernas con el vientre combado hacia adelante, agresiva sacó del cinturón el encendedor de oro. De la otra punta de la misma franja extrajo un papel que a simple vista no se podía identificar, pero que al avanzar con él entre el público esgrimiéndolo cual la antorcha de una maratonista, hasta desde la última fila se pudo ver que era un cheque.

Entonces alcanzó el preciso punto del planeta donde estaba de pie Paula Franck, hizo chasquear el encendedor produciendo una magnífica llama, y la elevó hasta la altura de la mano izquierda que sostenía el documento. El cheque comenzó a arder y la novia mantuvo alta la mandíbula y los ojos feroces escrutando la expresión de su cuñada. La mujer supo sin que mediaran mayores precisiones que estaba enfrentando el mayor bochorno de su vida y su instinto le aconsejó que se mantuviera impávida. Sin alarmas ni sonrisas la vio actuar con la distancia de una estatua marmórea, igual que si ese gesto pirómano no la incumbiera. Esperó que cayeran sobre los hombros y pechos de la prometida los fragmentos chamuscados, mostró coraje reteniendo la respiración en el momento que la chica puso el encendedor aún en llamas cerca de su nariz, y miró hacia la bóveda como midiendo el grosor del silencio estancado.

—Permiso, señorita —dijo entonces.

Alia Emar retrocedió un paso en el corredor y por ese espacio se filtró la mujer, encumbrada y soberbia, ensombrerada y pálida, rotunda y agria, pero con el color de un herido a bala. Sobrepasó las miradas de los isleños aguijoneándole la nuca, y buscó un equilibrio anímico, imaginándoselos como un rebaño de cabras salvajes que derraman sus mojones en la casa del Señor. Obtuvo coraje diciéndose que ahora iba hacia su libertad altiva cual un águila, despreciando la fofa carne de esa manada sin tiempo ni espacio, sin energía para cambiar nada, sin talento para los negocios y sin gracia para las letras de sus canciones.

30

El siguiente fue el texto del nuevo corresponsal de *La República* en Costas de Malicia no publicado por el periódico y que le valió el sobre azul del desahucio a su autor. Ambos documentos pueden ser vistos con mayor minucia en el Museo Histórico de Aspalathon, ya que lo que aquí se ofrece está ligeramente escarmetado por razones literarias:

Gema de noche es un hoy una pantera agazapada. Sus ojos en llamas encienden el pueblo y las flexibles caderas de las muchachas insinúan la potencia erótica que podrían desencadenar en la intimidad. El cielo y el mar se juntan casados por el anillo matrimonial de la luna, y de esa alianza brota la espuma, que cual una flecha de argento, divide de tarde en tarde el mar misterioso y eterno. Bulle el corazón de los isleños al ritmo de melodías que llaman «carambas» o «tarambas», composiciones que al igual que las copias de los romances dan cuenta de incidentes más que contemporáneos, inmediatos. Una cierta «carumba de la fruta» se repitió hasta el hartazgo en el gran salón Lucerna donde el sabio Torrentes, pintoresco personaje que no recuerda su nombre de pila ni su edad, instaló una destellante fogata artificial que permitió a dos camarógrafos franceses filmar en detalle los arrebatos de la boda.

Al comienzo los festejos fueron discretos, y los isleños, conscientes que eran registrados para la historia, se mostraban prudentes, y dentro de su innegable rusticidad, elegantes. Mas a medida que progresaba la noche y el alcohol, se soltaron simultáneamente las libidos y los corsés en un espectáculo que habría hecho las delicias del lujurioso Freud.

La pareja estelar estuvo constituida desde el lado masculino por don Jerónimo Franck, hijo del difunto banquero Edward Franck de Salzburgo, y hermano de la condesa de Auertal, quien tuvo la delicadeza, y como se verá, la mala idea de asistir a las lejanas nupcias. La mitad femenina fue aportada por Alia Emar, una juvenil nativa de Costas de Malicia que animó con un espectáculo clownesco su propia boda quemando un cheque en la Casa de Dios, payasada que motivó el disgusto de la condesa de Auertal quien se embarcó esa misma noche con rumbo al norte.

El extraño gesto resulta insólito en estos territorios dejados por la mano del Señor, pues el ingreso per cápita de los maliciosos se calcula en veinte libras esterlinas por año, casi un quinto de lo que recibían hace dos lustros cuando la plaga de la filoxera aún no había podrido sus vides.

Entre los huéspedes destacó un grupo de milicianos, vestidos con pantalón gris, y camisa blanca, quienes tras un par de litros de slíbovitz no vacilaron en contar a este cronista que fueron ellos quienes asesinaron a un grupo de soldados austríacos que habían descendido la semana pasada en esta isla cumpliendo una misión estrictamente burocrática para el Servicio de Registro Civil del Imperio. Estos jóvenes se despojaron de sus camisas y tras bailar varias «carambas», con sus narices hundidas en las nalgas de las muchachas, se despeñaron con sus parejas en la playa a desfogarse sexualmente, ajenos al parecer a todo remordimiento o pesar.

Conducía la orquesta el maestro húngaro Adam Policzer, quien hace algunos años alegraba las noches de Viena y Linz pulsando virtuoso su piano, pero que tras una delicada operación a sus muñecas, debió buscar caminos ante públicos menos exigentes. Hay que admitir que si bien ya no puede deleitarnos con sonatas o conciertos de Mozart, el simpático maestro aporrea el teclado con un entusiasmo que va de maravillas al baile local.

Sobra decir que esa fiesta rozó los límites de la indecencia. Mujeres de toda edad provocan a los varones poniéndoles las manos entre los fundillos de los pantalones e incluso besan sus miembros por encima de la tela. El cura local, consultado por este cronista, dice que en los países más católicos de África o Sudamérica, se estilan estos días de expansión, *a los cuales sigue una fervorosa constricción que afirma la fe.*

Pone por ejemplo, el Carnaval de Río, una ciudad de Brasil, donde hay capillas hasta en los burdeles.

Animado del propósito de informar al público del continente sobre la lírica de este confuso territorio, anoté algunos versos de las «carambas» más recurridas en esta noche.

Muera de culo parado, la vieja pituca, la vieja pituca.

Vino moviendo el rabo, detrás de una diuca, detrás de una diuca.

Quiso pagar con un cheque, a un menso paquete, a un menso paquete le quemaron el cuete, quedó sin chupete, quedó sin chupete.

En este relativamente sobrio texto se alude a la condesa de Auertal, quien, según declaró la novia después de dar un vacilante «sí» a su esposo, fue «aceitada» por ella con una cifra considerable para no concurrir al altar. Corresponde agregar que el afortunado novio bailaba y entonaba esta estrofa imitando a la perfección el desfogue de los nativos. Aunque nada alegró tanto los corazones y los sexos de los bacantes maliciosos, como cierta Carimba de la fruta *que en una de sus estrofas dice:*

«Ésta es la carimba de fruta, de la fruta, de la fruta. Para bailarla con la novia, y con las putas, con las putas.»

¿Y la novia?

Uno siempre siente la tentación de describir a las chicas bellas cual seres alados, cisnes ruborosos, especialmente si visten de gala, despojándose por una noche de las humildes sayas con que trabajan día a día. Sin embargo la palabra «ángel» desvirtuaría la carnalidad de Alia Emar, sus labios robustos y húmedos abiertos para que le roben un beso, la lengua procaz que sabe asomar en la punta de esas hileras de dientes parejos e inspiradores, la nariz que aletea con más espontaneidad que técnica cual si estuviera diferenciando cada aroma en cualquier momento de la noche, el pelo que con furia autónoma desborda la toca nupcial y sus tules de misterio para sacudirse con locura de ninfa durante las danzas, y los puños que uno ansiaría besar por lustros que golpean a los mocetones en la quijada cuando en medio del baile de la caramba le aprietan los senos o le chorrean con su saliva vinícola la arisca nariz.

El baile puede ser en Gema expresión de dicha o furia. Si bien al inicio de la noche todo fue juego de saltimbanquis, hacia la medianoche algo torvo, malévolo, anduvo contagiado el salón. Las miradas hacia la novia declinaron su tono fraternal y una sombra de rencor enturbió los ojos de los jóvenes. Creí adivinar sus emociones desde mi puesto en la plataforma sentado a los pies del pianista: una ira innegociable hacia el austríaco quien no sólo probaba que era posible hacer fortuna en sus estepas bárbaras, sino que había utilizado todo su arsenal de cultura, dinero, influencias, y locuacidad, para robarles a Alia Emar, a quien deseaban en ese instante con peligroso frenesí.

Cuando el sabio Torrentes agotó las fuerzas de sus pistones a gas y todo se redujo a las melancólicas lámparas y a los candelabros de velas florentinas, la propicia oscuridad volvió a los mocetones más temerarios. Con un buen tino, aprovechando un oportuno vals el señor Franck giró con su esposa abriéndose paso por todo el salón como si esa música hecha de compases regulares y nostalgias fuera un paliativo, cierto bálsamo para despedirse de las erecciones de los resentidos. En el vértigo de Strauss salieron a la calle donde se destrenzaron y echaron a correr hacia la dicha conyugal.

Fue el momento propicio, porque diez minutos más tarde el grupo de jóvenes patriotas se convocó en el centro del salón y abrazados como un equipo de basketball durante la tregua, se mantuvieron largo tiempo así, obstaculizando el tránsito de los bailarines. Al rato destruyeron el peculiar concilio, fueron hasta el bar, llenaron en el orden que les permitía su embriaguez una copita de slíbovitz, y brindaron «por nosotros mismos». Pusieron cívicamente los vasos sobre una mesa vecina, cual tributo floral, y se retiraron manos en los bolsillos, igual que niños golfos que han sido expulsados de una fiesta cumpleañera.

Su salida descargó notablemente la atmósfera belicosa, pero no mi curiosidad. Me les sumé en la calle, y pese a que fui hacia el muelle junto a ellos, me dedicaron una perfecta indiferencia. A la orilla del mar fueron observando por turnos el horizonte valiéndose de un catalejo y tras este acto se sentaron a cavilar, los pies sobre el agua, algunos fumando, otros arrojando cuescos de aceituna que guardaban en los bolsillos del pantalón. Aprovechando la cordial anonimia que me tributaban, pedí cortésmente el artefacto, y ajusté el foco a las posibilidades de mi vista.

A unas tres horas de navegación estaba expectante la flota imperial esperando que amaneciera para atacar.

—¿Qué van a hacer, chiquillos? —les pregunté con voz animosa.

Uno de ellos aspiró profundamente el cañuto de su cigarro, puso en esa brasa un nuevo tabaco, y me contestó intentando algunos anillos de humo que la brisa disolvió sin consideración:

—Terminar este puchito y luego cavar nuestras propias tumbas.

Desde Costas de Malicia informó para *La República* su nuevo corresponsal Andrés Gómez Stalker.

31

S e especula que podría haber al menos tres razones por las cuales *La República* no publicó la crónica de Gómez Stalker: literarias, políticas y monstruosas.

Entre las primeras, el evidente desborde lírico que lleva al periodista a inferirle al texto una imagen tipo «el cielo y el mar se juntan unidos por el anillo nupcial de la luna», furúnculo capaz de derribar la placa de dientes de cualquier editor europeo.

Entre las segundas, la ridiculización de la condesa de Auertal, directora del Banco de Salzburgo del cual *La República* recibe avisos publicitarios. Ella podría haber girado su subvención hacia el rival *Comercio del Danubio* si se hubiera revelado que su jira a Costas de Malicia no tenía otro propósito que emitir un cheque para hacerse de un buen «paquete», coloquialismo con que los maliciosos aluden al bulto prominente que se adivina bajo la bragueta de los hombres.

Aunque la mayoría se inclinó explicar el sobre azul para el artículo por la monstruosa imprecisión de Gómez Stalker que llama a la danza original de Costas de Malicia indiferentemente «caramba» o «carumba» o «carimba» o «tarambas» e incluso «carambras», no acertando jamás con que se trata de la mundialmente afamada «turumba».

Mas quienes han tenido tiempo de seguir objetivamente la secuencia de los hechos, saben muy bien que en la madrugada de ese día no habría nadie que pudiera enviar el telegrama, y que por lo tanto el editor de *La República* acaso no llegó a leer el debut de Gómez Stalker. El funcionario del correo había desertado e iba rumbo a África y su asistente Alejandra Catalina Béneto se proponía rehabilitar una vez más su novio entre las dunas con el objetivo de superar la marca de cuatro orgasmos. Cuando el hombre le confesó que el alcohol y el esfuerzo amatorio lo habían consumido, ella le dijo: «Descanse un poco, mijito. Que yo tengo metas, y no plazos.»

Así, el artículo del corresponsal quedó sobre el escritorio al lado del telégrafo, y sólo fue advertido por Alejandra Catalina cuando ya en posesión del *score* deseado fue a la oficina bajo el fondo lejano de turumbas para revisar si había mensajes urgentes. El que trinaba en la máquina era fervoroso. Lo firmaba el Papa, y decía: «Negociación fracasada. Dios se apiade de vuestras almas.» Despabilada por el terror, metió bajo la carpeta del escritorio la crónica social de la boda, y se precipitó al Lucerna para espantar a los últimos bailarines. Allí quedaron esas esforzadas líneas, por muchos años, hasta que la dedicación del curador Lausic hizo que se archivara en el Museo Histórico de Aspalathon.

Aunque los hechos eran levemente asincrónicos, más o menos al mismo tiempo la pareja danzante de Alia Emar y Jerónimo desembocó en la puerta de El Europeo dispuestos a libar del champán, del amor, y de la ausencia por tiempo indefinido e infinito de Paula Franck. En el escalón de piedra que precedía a la casa, estaban sentados, con la misma mueca taimada en los labios, los hermanos Rei-

no y Esteban Coppeta. El segundo, aun en la depravación de la tras-
noche, se veía nervioso y espiritual, cual si su mirada azul lo refres-
cara permanentemente. Reino, en cambio, mostraba los estragos de
la jornada: semen y vino en los pantalones más un rasguño en forma
de zigzag que aún le sangraba en la mejilla. La desenfrenada alegría
de Alia Emar se transformó en parálisis.

−La fiesta es en otro lugar −dijo Jerónimo, hostil.

Reino se rascó eternamente una picazón en la barbilla.

−Tenemos que hablar con usted.

−Mañana, hombre, mañana.

El hijo mayor de Coppeta se puso de pie abatido.

−No habrá mañana ni para usted ni para nosotros, señor.

−¿Por qué no?

−Porque usted partirá en luna de miel y nosotros estaremos mi-
rando crecer las margaritas bajo tierra.

El austríaco sonrió apretando el cuerpo de su esposa y alternan-
do su mirada entre los dos hermanos. Por un momento sintió la sutil
corriente que iba de los ojos azules de Esteban a la mirada inquieta
de Alia Emar, y quiso quebrar el hechizo interponiéndose entre
ambos.

−Qué destino tan desigual. Lamento no tener el menor interés a
esta hora de la noche, y en el día de mi matrimonio, de que me cuen-
ten las peripecias que llevarán a este doble desenlace.

−Se lo voy a contar de todas maneras.

−Abriré la puerta, la cerraré con llave, pondré mi música predi-
lecta a un volumen infernal, y me desvincularé del mundo.

−Pero no de su conciencia, señor Franck. Ni tampoco de la de
ella.

Esteban Coppeta se levantó a su vez, los ojos humillados en el suelo. Queriendo humildemente desaparecer, extrajo del bolso de su abuelo un catalejo, y lo extendió sin palabras al austríaco. El hombre lo cogió vacilante, y Reino lo indujo a que mirara hacia el mar. Había esa luna ancha, que los nativos llaman reventona. Entre esa luz, tan exitosa como la artificial de Torrentes, Jerónimo discernió cada uno de los barcos de la armada imperial.

—Nada que me concierna —dijo, devolviendo el catalejo a Esteban, y buscando en un bolsillo la llave de bronce del portón. En vez de eso, extrajo el encendedor, y el joven Esteban, en una inspiración, desmontó el cigarrillo de la oreja, lo acercó al artefacto, y cuando estalló la llama, tuvo el atrevimiento de mirar una vez más directamente a los ojos de la mujer. Ésta hizo un esfuerzo para no tocarle la mejilla. Desvió su mano hacia la frente y se echó atrás el pelo con un gesto altivo.

—Escúchalos —rogó.

Sumiso, Jerónimo extrajo a su vez un habano, le extendió otro a Reino, y los cuatro se acomodaron en el escalón de entrada. Echaron simultáneos una marejada de humo, y el austríaco le indicó con un gesto a Jerónimo que hablara.

—Hay una sola solución para evitar la masacre —dijo, golpeando el puro inútilmente pues aún no se había producido ceniza—. Que usted nos preste su barco para llegar a Italia.

El esposo de Alia Emar no pudo creer lo que oía. Lamentó con minucioso rigor haber despreciado los consejos de su hermana. Había caído entre facinerosos fanáticos que cual sanguijuelas chuparían cada gota de su sangre. ¿Era el infinito chantaje por la muerte de Marta Matarasso? ¿O la secuencia de movidas tácticas para que nunca se consumaran sus nupcias con Alia Emar? El sinvergüenza mocoso de los ojos calientes quizá habría probado ya con su miembro las rutas de ese vientre y en este instante dilataba su intimidad con Alia Emar para aplazar el bochorno de su esposa. ¿Por qué mierda decidió vivir en esa isla sin relevancia en los mapas ni en la historia a la cual la brutal rutina había convertido con todo su horizonte? Por amor, se dijo. Por estúpido, necio, descoyuntador y obsesivo amor. No miró a los chicos, a quienes la insolencia les caía con gracia natural, sino a su amada. La chica le sostuvo la vista y al mismo tiempo arrebató de las manos de Esteban el catalejo y conminó a su marido a que lo tomara.

El hombre espió otra vez más la frontera de la noche y tuvo el pálpito del amanecer.

—Ese barco, amigo, ha sido mi sueño por años. Cuando nació mi amor por Alia Emar, Bizzarro y sus hombres iniciaron su construcción. Todo se planeó para que el mismo día que contrajéramos matrimonio, pudiéramos zarpar. Es la hora de escapar de este horizonte y esta historia. Nada nos ata ahora. Respeten nuestra libertad.

Esteban aspiró hondo su tabaco, y simuló que un resto de humo irritaba su pupila. Se limpió los ojos con las palmas de las manos, y volvió a fumar con ganas profundas. «Desesperadas», pensó Jerónimo. En un instante supo hasta en el último nervio que la sutileza de su conquista nada podía frente a la alianza natural, a ese estremecimiento que hacía vibrar el espacio cada vez que Esteban y Alia Emar se atisbaban de reojo.

—Se trataría sólo de llegar a Italia, señor. Luego su barco volvería.

—Lo siento, muchacho. Esta noche el champán nupcial y mañana el desayuno a bordo.

Los hermanos intercambiaron una mirada, y Reino le indicó a Esteban que hablara. El joven se cubrió los párpados, y apretando fuertemente el tabique de la nariz, quiso extraer un argumento convincente. Intuyó que tapándose los ojos se anulaba, que se exponía a una fragilidad más persuasiva.

—Tiene razón, señor Franck. Perdone la molestia. Es sólo que…

—… es sólo que los muchachos raptaron ya su nave.

El austríaco hizo sonar las llaves en la mano.

—Jerónimo.

El hombre quiso no haber oído la voz de la amada. Todo era tan horrorosamente previsible. Los hechos se trenzaban de tal manera para precipitar al vacío sus utopías de veinte años que no encontró otra respuesta que el silencio. Echó a caminar hacia el muelle, la espalda cargada por la luz de la luna, el brazo asertivo de la mujer en su codo.

Ni siquiera cambió su actitud cuando el insufrible Reino Coppeta dijo a sus espaldas con un tono que acertaba medio a medio en melodrama:

—Es usted un verdadero patriota, señor.

Por un momento hizo que la paciencia y la acritud se aconcharan en sus labios y sólo entonces, sin darse vuelta, dijo:

—Soy un austríaco, cabrón. Un puto traidor a mi patria.

Cuando Esteban indicó hacia el muelle, Jerónimo se dio cuenta que el trayecto lo había recorrido con la nuca abatida sobre la tierra. Ahora, al alzar la mirada, vio que la escuadrilla de «patriotas» esperaban fumando que vinieran.

—Jamás hubiéramos zarpado sin su permiso, señor. La violencia sólo sobre el enemigo. Usted…

—No digas nada más, Reino Coppeta. En nombre de Dios, cállate.

Al ver el grupo llegar hasta el mojón donde amarraba la cuerdas del barco, el capitán Bizzarro saltó a tierra firme.

—Es una desgracia, señor Franck. Estos facinerosos quieren secuestrar nuestro barco.

—¿Y ese olor a café?

—Una atención de la casa. Quizá con un café fuerte se saquen de encima la borrachera. Es decir, están armados, patrón.

—¿Cuánto tardarán hasta la costa italiana?

—Cuatro, cinco horas.

—¿Te puedes llevar a todos estos bárbaros?

—*Nicht gerne*, señor Franck —dijo en alemán temiendo que algún desaforado lo oyera—. Además mañana es el gran día, la flota nupcial cruza el Adriático. Le tengo sorpresas que lo harán feliz, don Jerónimo. Usted y su novia en un océano de miel, de dulce luna de miel. Con música celestial. El señor Torrentes estuvo aquí e hizo una instalación…

—Ahora calle.

—El señor Torrentes es un hombre agradecido.

Jerónimo pidió el catalejo a Esteban y lo puso en las manos del capitán Bizzarro. Agarró su rostro firmemente de ambos pómulos, le indicó la dirección, y sujetándolo con fuerza del cuello lo obligó a mirar la bahía.

—¿Qué ve, capitán?

—Olas, olas, y olas.

—¿Y más allá?

—Sombras.

El capitán ajustó el lente de aumento, y súbitamente, el dueño de El Europeo se dio cuenta que lo afinaba de un modo profesional.

—¡Patrón, es una flota de guerra!

—¿Qué hace ahí?

—Pues… Espera.

—¿Qué espera?

—Quizá que amanezca. No son fáciles estas costas.

—¿Y usted qué opina?

—Es un despliegue de gran magnitud.

—De gran magnitud para atacar a una isla tan insignificante.

—¿Cuál isla, jefe?

—Ésta.

Ahora el capitán bajó el artefacto con lentitud sombría. Debajo del correcto cuello blanco, la nuez de Adán le saltó como un animal.

—*Alzare tacchi!* Creo, don Jerónimo, que si partimos de inmediato, podría alcanzar la costa italiana en cosa de tres horas y media.

El austríaco hizo una reverencia ante el mayor de los Coppeta, y éste le indicó a su grupo que saltaran a la nave. Luego, extendiendo la mano, les exigió los rifles. Cuando los hubo recogido, procedió a arrojarlos al agua y se mantuvo mirando con cierta melancolía la zona donde habían desaparecido. Antes de trepar al flamante navío, se detuvo conmocionado ante Jerónimo y todo en su actitud anunció que quería abrazarlo. Pero el hombre miró primero hacia la luna, luego a su esposa, y finalmente se concentró en levantar tierra con su zapato derecho. Reino se tragó las intenciones y saltó sobre la cubierta.

Esteban se hizo presente delante de ellos y desnudó histriónicamente toda la batería de sus pupilas azules. Igual que si Jerónimo no existiera, buscó los ojos de Alia Emar, e insistió intenso hasta que la chica alzando su cabeza, la barbilla rebelde, lo enfrentó.

—¿Dónde vas, Tebi?

—A Italia. Y luego dicen que a Chile.

—¿Dónde queda eso?

—Por ahí.

Alia Emar se tomó los antebrazos protegiéndose de un frío inexistente.

—Veo que hiciste las paces con tu hermano.

—No. Lo desprecio.

–¿Cómo estás junto a él?

Esteban señaló con un gesto al barco.

–Es la guerra, ¿no?

Con un manotón, Jerónimo se arrancó entonces la corbata de terciopelo granate y desabrochó el cuello arrancando de cuajo el botón.

–Alia Emar –dijo–, si quieres partir con él, estás justo a tiempo.

La chica extendió la mano, y compulsivamente obligó con la mirada a que Esteban se la tomase. Le susurró algo al oído, y se la sacudió sin ternura, con rigor militar. El joven adivinó que sus cuerdas vocales estaban afónicas, y no supo de otra estupidez más grande que golpear los tacos, inclinarse, y rozar los dedos de su amada con los labios. Entonces saltó a la nave y las órdenes de desatraco del italiano cubrieron todos los ruidos de la noche.

Jerónimo y Alia Emar caminaron sin palabras por el muelle. Desde el Lucerna llegaba nítido el piano del maestro Policzer intentando con mesurado éxito un vals de Chopin. La mujer puso una mano sobre la nuca del hombre y le hizo un tibio masaje mientras avanzaban hasta la casa.

–Explícame –suplicó él.

Alia Emar entramó voluptuosa la mano derecha en su pelo alborotado de danza y furia y barrió la base de su cabeza sintiendo la vibración de cada nervio.

–Soy tu esposa.

–¡Por ahora!

–Para toda la vida, Jerónimo.

El hombre siguió caminando, escéptico hacia esas palabras. «Es el trauma de los cincuenta años –pensó–. Ya no se es más inocente.»

–Podrías haberte ido en el barco, muchacha. Nada te lo impedía.

–No –dijo Alia Emar, limpiándose con el antebrazo la mejilla.

32

A las siete de la mañana, el sol de Costas de Malicia brillaba desproporcionadamente en un cielo tizú. Su tamaño e irradiación parecían concebidos por un niño. La misma inocencia cedía la aldea, tanto más insignificante con sus calles vacías, las botellas quebradas en el muelle, las partituras de turumbas entre las copas de los árboles, más los gatos, cabras, burros y gallinas disciplinados en un silencio minucioso.

Mollenhauer mandó remover primero las tablas roídas del muelle temiendo que una bomba lo expandiera hasta el infinito, mas luego se dijo que de esa nimiedad de pueblo no podría salir ni un soldado de plomo, acaso a lo más un palitroque de madera. Con la flota imperial a sus espaldas, se sintió como su colega Gulliver en Lilliput. Sólo por cumplir con el estricto código militar, ordenó a sus tropas que se desplegaran en abanico hasta los confines del pueblo y acumularan en la plaza con las piernas abiertas y los brazos en alto a cuanto hombre encontraran de edad entre los doce y cien años.

De pronto su vista captó la torre de la iglesia, y codeó el brazo de su asistente, quien fruncía la nariz ante un gato muerto flotando en la espuma.

—¿Ve usted lo que veo, edecán?

Lo orientó con el índice estirado hacia el templo, y luego estuvo un momento acariciándose el pómulo.

—Veo una campana, mi señor.

—Lo mismo que yo. ¿Y no le extraña nada en esa campana?

—Pues, parece más grande que otras campanas.

—¿Le parece esa apreciación objetiva?

—Pues sí, capitán. Es una campana relativamente grande.

—¿Relativamente a qué?

—A la iglesia.

—¿Diría usted, edecán, que la campana es más grande que la iglesia?

—De ningún modo, capitán Mollenhauer.

—¿Diría usted que la campana es igual de grande que la iglesia?

—Es una campana lo suficientemente grande como para autorizarme a decir eso.

Mollenhauer puso el sombrero emplumado en el dedo índice y lo hizo girar. Se dio vuelta hacia sus barcos y comprobó con satisfacción que todos sus cañones apuntaban hacia los edificios principales. En un minuto de artillería continua la cuna de terroristas quedaría abolida de la geografía y la historia.

—¿Y cómo se explica usted que este templo raquítico sostenga esa masa de bronce sobre su cabeza?

El edecán puso un pie adelante y el otro perpendicular a él, cual una bailarina que sale a saludar al público, y doblando el brazo sobre su escueta cintura, dijo:

—Usted sabe que soy lo más hereje que hay. Pero una campana tan bruta de grande, sólo me la explico por un milagro.

—¿Le parece que Dios va a ser tan huevón de estar haciendo milagritos en estos arrabales dejados de la mano de Dios?

Descruzando los pies, sólo para ubicarlos en la misma figura, pero esta vez el izquierdo delante del derecho, el asistente se rascó demoníaco la oreja, al replicar:

—¿Y por qué si no el Santo Padre habría de tener tanto interés en este pueblo tan pendejo que hasta intentó parar la flota?

Los soldados comenzaron a volcar en el centro de la plaza el fruto de la cacería: dos niños de once y trece años, un borracho de unos treinta, a quien no lograban despertar, y siete ancianos entre ochenta y noventa. Todos, salvo el mocetón ebrio, no parecían hallar dificultad en mantener los brazos en alto y las piernas separadas. El capitán avanzó decidido hasta uno de los viejos y le alzó el mentón con un pulgar.

—¿Tu nombre, viejo?

—Torrentes, señor.

—¿Profesión?

—Difícil decirlo. Aficionado a la electricidad.

—¿Científico?

—Oh, no, capitán. Deshonraría esa palabra si me la aplicara.

—¿Desde cuándo vive en este pueblo?

—Desde anteayer, señor.

—¿De modo que es usted turista?

—Justamente, señor. Turista.

—¿Y qué le parecería que lo fusiláramos ahora mismo por cobarde e impostor?

Torrentes bajó un brazo y se rascó la calva sin que nadie se lo reprochara. En vista de ese frugal éxito, hizo descender la otra extremidad y cruzó ambas sobre el pecho.

—Sería muy desagradable, capitán. Siempre soñé en morir en mi tierra natal.

—¿A saber?

—Logroño, España. Pero mi afán científico me llevó a Salzburgo. En España era muy difícil con la ciencia. Con la teología, cojonudo. Pero la ciencia y la religión se llevan como perro y gato.

Con un chasquido de los dedos, Mollenhauer llamó la atención de su asistente.

—Hágame otra de sus piruetas culturales y cuénteme si sabe algo de Logroño, edecán.

El marino se alzó sobre la punta de sus pies apoyado en el viril hombro de su jefe y durante dos minutos le susurró información en un lóbulo. Luego Mollenhauer se sobó las manos y metió ambos pulgares bajo la estridente hebilla de su cinturón militar.

—Señor Torrentes, la ciudad de Logroño está ubicada en la confluencia de dos grandes ríos. ¿Sería tan amable de nombrarlos?

El viejo se alisó la cabeza como ordenando los pelos que no tenía. Miró hacia el cielo, y pudo comprobar que su cabeza estaba tan vacía de contenidos como el espacio de nubes.

—Pues, sepa usted que la geografía no es mi fuerte. Los ríos sólo me interesan como fuente de energía.

—Sería muy interesante dilatarme en una charla con usted sobre ese tema, pero ahora sólo me interesa, bueno *le* interesa, los dos ríos que confluyen en Logroño.

—Hombre, que son dos, no me cabe ninguna duda.

—Es muy sospechoso, doctor, que quiera morir en una tierra natal de la que no recuerda nada.

—Oh, sí, recuerdo. Recuerdo algo. ¡El nombre de la plaza, pues, ya está!

–Dígala, entonces.

–Plaza de Armas de Logroño.

Mollenhauer miró al edecán, quien se empinó sobre los pies alcanzando sus labios hasta la oreja del jefe; le susurró algo lento, moviendo las cejas, y sin dejar de mirar los pies descalzos de Torrentes. Al final se cruzó de brazos con una actitud taimada.

–Mi querido, anciano. Voy a tener que fusilarlo.

–¿Ahora mismo?

–Exactamente. No alegará después que no se le hizo un juicio ecuánime.

–Oh, no. Por ningún motivo. ¿Y de qué se me acusa, señor?

–De haber participado en el asesinato de once soldados del ejército austrohúngaro.

–¿Cuándo?

–Hace una semana, señor.

–¿Dónde?

–Aquí, en esta isla.

–¿Y por qué hice yo tamaña barbaridad, capitán?

–Usted tendría que saber eso.

–¡Con mi mala memoria! No me acuerdo de los ríos de Logroño, y cómo voy a acordarme voluntariamente de algo tan terrible, sobre todo si hace una semana yo no estaba aquí, sino que llegué recién anteayer con mis equipos eléctricos para iluminar la boda.

–Créame que lo siento, amigo español, pues soy un gran admirador de Don Quijote.

Con un chasquido de los dedos convocó a su equipo de fusileros, quienes se ubicaron frente al muro más próximo a una distancia de once metros, se cuadraron golpeando las botas, y pusieron sus fusiles con las culatas sobre tierra a la espera de órdenes. El mismo

Mollenhauer condujo fraternalmente a Torrentes hasta la pared y lo ubicó justo en la sombra que proyectaba el árbol.

—¿Esto va en serio, almirante?

—Perdóneme la oportunidad del adverbio, pero esto es *mortalmente* serio.

El inventor observó la forma de tortuga de una nube que se desplazaba hacia los cerros, juntó ambas palmas extendidas y ubicando sus pulgares bajo la quijada puso sus dedos índices sobre los labios.

—¡Qué raro! —dijo—. Uno se pasa toda la santa vida reflexionando sobre la muerte, y cuando llega es una banalidad como ésta. ¿Me concedería una última gracia?

—Naturalmente.

Destrabando sus dedos entrecruzados, el viejo sacó del hondo bolsillo de su pantalón gris con líneas negras una hoja manuscrita y la agitó aireándola. Luego hizo un intento de plancharla sobre el muslo con el antebrazo, y finalmente se la extendió al militar.

—Si fuera tan amable, almirante, ¿podría hacer llegar esta carta al señor Marconi que reside en Londres?

—¡Marconi! ¿El genio?

—¡Oh, sí! ¿Le gusta la música?

—Apasionadamente.

—¿Qué le parece la Filarmónica de Salzburgo?

—Mediocre.

—Me alegro de coincidir en este aspecto con usted, una persona tan importante en mi vida. La verdad es que hastiado del ultraje a Mozart que hace nuestra orquesta, dime en concebir un método para oír en Salzburgo los conciertos de la orquesta Sinfónica Real de Londres.

—Un propósito algo delirante, señor.

−Exacto. Concebido por mí es una necedad del tamaño de un burro. Pero sembrada en la mente de Marconi puede llegar a ser realidad. Esta carta contiene la vía hipotética que me imagino para concluir ese invento.

−¿Me permite leerla en voz alta?

−Es un borrador, pero puesto que no habrá una versión más pulcra me agradará oírla, a modo de testamento.

Mollenhauer se echó aire con el sombrero y mejorando aún más su excelente dicción con una buena postura de la caja torácica, expuso la misiva:

Querido y admirado maestro. Mucho me he alegrado con el éxito de sus investigaciones que tiene la maravillosa ventaja de no quedar en el dominio de lo ´«posible», lo «futuro», lo «teórico», sino que contribuyen al progreso de la humanidad por lo práctico de su implementación. Usted ha sido tan amable de leer mis bobadas y de alentarme con la generosidad del genio hacia el bufón. Logré efectivamente una potente luz siguiendo algunos de sus consejos, que podría usarse en la industria cinematográfica, pues es posible filmar a su amparo con un material más sensible a los matices del set, lo que permitiría una creciente expresividad en este arte.

Lamentablemente sus costos son tan excesivos, que sólo pude llegar a usar el equipo una vez con la ayuda de un mecenas. Ahora me preocupa plantearle que he llegado a concebir la transmisión de ondas acústicas sin cable haciendo uso de detectores de cristal. Calculo por el lento ritmo de mis desinspirados avances que recién en 1925 podría ser posible traer la música de Londres a Austria, pues se prepara para dentro de un año la emisión de una charla telefónica entre Washington y Hawai, ¡sin cables! Estaré atento al desarrollo de estos hechos y me imagino que usted se adelantará años en la realización de mi utopía. Dicen que en Italia hay la idea de nombrarlo senador vitalicio. Lo felicito, siempre que la política no lo aparte de la ciencia.

Su humilde e impertinente admirador, con múltiples reverencias. Torrentes.

El almirante, pensativo, se puso a planchar la carta sobre el pecho de su uniforme y luego dedicó una compungida mirada a un perro de cejas caídas.

Fue hasta el viejo y le dijo confidencial:

—Su carta me ha conmovido, hombre. Me da un fastidio horrible tener que fusilarlo.

—Pues no lo haga, almirante.

—El problema es que ya anuncié delante de todos estos soldados e indios que lo ajusticiaría. Van a creerme un hombre de bravatas.

—¡Oh, no! Lo tendrían por ser bondadoso.

—Pero mi emperador me mandó a ejecutar una acción horrorosa. Operación Tabla Rasa. Fusilarlo a usted, que es inteligente, resulta mucho más valioso desde el punto de vista estratégico que echarme a cualquiera de estas bestias que tienen cabeza sólo para ponerse el sombrero. ¿Por qué sonríe, hombre?

Torrentes bajó humildemente la vista y levantó un poco de polvo raspando un zapato entre las piedras. A pesar de que ocultaba sus facciones, no pudo disimular su sonrisa.

—Es raro, señor —dijo con la actitud de un niño castigado—. Pero viendo tan lejos e inocente a su pelotón de fusileros, por primera vez entiendo el efecto que quiso lograr Goya cuando abalanzó a los soldados a centímetros de la víctima.

El militar retrocedió algunos pasos, y antes que la voz se le quebrara, le susurró a su tropa:

—Fusílenlo.

33

El yate de Jerónimo bajo la sensible conducción del capitán atracó en Pescara cerca de la medianoche. Las autoridades italianas, deslumbradas por la belleza del navío, se convocaron en el muelle a perfeccionar su asombro. Era una joya digna de sultanes y el corazón les aleteó bajo sus camisas blancas con galardones dorados. Mas el ver desembarcar una docena de mozalbetes descompuestos por el alcohol y el mareo, pidieron explicación al capitán.

—¿Qué es este cargamento, almirante?

El italiano, sintiéndose a salvo en el terruño, se cubrió la nariz con un pañuelo de encajes, e informó:

—*Krukis.* Una docena de *krukis.*

—¿Y de quién es el barco?

—De un austríaco que se quedó en Gema comiéndose a la reina de la belleza. No se preocupe por los muchachos. Pasan por Italia tras unos documentos que le darán en Rapallo para que se puedan embarcar a Chile.

Los aduaneros consideraron arrogantes al grupo de inmigrantes, y con desconfianza al compatriota:

—No entiendo por qué tiene que ir a Rapallo si todos los consulados están en Roma. Para eso son las capitales.

—No es el caso de Chile.

—Explíqueme, capitán.

—Chile es un país pequeño, y no se siente a sus anchas en ciudades grandes. Londres y Madrid le incomodan. Eligieron Rapallo.

—Cuesta creerlo. ¿Cómo llegarán a Rapallo?

—Pregúnteselo a ellos.

Reino Coppeta acudió al llamado del patrón de puerto.

—¿Hablas italiano?

—Un diez por ciento.

—Cómo van a llegar a Génova.

—Rapallo.

—A Rapallo. ¿Cómo van a llegar a Rapallo?

—Eco. Rapallo, Génova, Chile.

El patrón se apartó hacia el almirante.

—Este chico parece hablar sólo un cinco por ciento de italiano.

Tal cual se espanta una manada de ovejas abúlicas, los aduaneros les gritaron «*via, via*» a los maliciosos, consiguieron derramarlos con ese gesto sobre la ciudad, y volvieron a la contemplación del yate.

Tras detener a los pacíficos transeúntes de Pescara, los inmigrantes, moviendo los brazos como pistones y emitiendo un «chucu-chucu-chucu» de salivación ferrosa, unida a un «talán, talán» de aromáticos hipos nupciales, consiguieron llegar a la estación.

En los andenes descubrieron tras una clase magistral de cuarenta y cinco minutos a cargo del jefe de ferrocarriles el concepto de transbordo, pues para llegar a Rapallo tenían que cambiar de trenes en cuatro puntos geográficos milimétricamente impronunciables. Tras esa ardua jornada que todos entendieron a plena satisfacción intentaron pagar el pasaje con dinero malicioso, totalmente inconvertible a liras. Con un póstumo esfuerzo mímico el bondadoso inspector les explicó los criterios del tráfico monetario internacional y con algo de compasión supo especificar que el «malicioso» se cotizaba en el mercado negro «cero a cero», es decir. nadie compraba, nadie vendía. Esta parte de la lección no desanimó a los héroes de Gema, pues, como murmuraron entre ellos, «no habían entendido papa».

Sucesivo a este acto de perplejidad, bajo el liderazgo implícito de Reino Coppeta el grupo procedió a ocupar el último vagón del local rumbo a Rímini, donde debían descender y en la plataforma opuesta coger el ordinario a Bolonia, ramal que conectaba a su vez con el rápido a Picenza, desde cuyos rieles partiría el expreso a Génova, y allá una vez, en el puerto, Dios se apiade de ustedes muchachos, acotó el inspector, porque hay cerca de «doscientos» andenes, y alrededor de dos mil eficientes ladrones, a quienes ustedes, careciendo de todo, por suerte no tienen qué temer. En cuanto a Rapallo, estaba «a tiro de piedra de Génova».

El chucu-chucu, el talán-talán, el humo bubú, la sensación de movimiento y de verde, los caballos en las campiñas, las torres de templos y nubes que parecían volar junto con el tren, encendieron a los prófugos. Bastó con que uno comenzara el estribillo de la *Turumba de la fruta* para que el resto se le sumara en un coro estridente que ahuyentó a una madre campesina y a su hijo hacia el próximo vagón. Dueños del espacio, los jóvenes, atrapados entre la nostalgia de haber abandonado los lares y la alegría de tener a salvo la cabeza rieron y lloraron mientras vociferaban sin tino la canción.

Sólo Reino y Esteban, sentados frente a frente, evitaban mirarse prestando atención a la armónica campiña. Esteban, con la frente apoyada en el vidrio, soplaba su aliento contra la ventana para frotar luego la mancha de vapor con monótona insistencia. Kilómetros más tarde, Reino optó por clavarle la vista en la frente, incomodándolo a tal grado, que su hermano tuvo que devolverle la mirada alzando desafiante la barbilla.

—¿Qué hay?

—Estás sufriendo, Tebi.

—Gillette azul —murmuró incoherente.

—¿Tebi?

—Es como si una navaja me rasgara las venas. ¿Por qué partí, Reino?

—Tenías que salvar tu vida.

—Hubiera preferido morir.

—Ya crecerás y vas a reírte de todo esto. Ahora tienes estos ridículos veinte años, la edad cuando uno anda con la verga tiesa y la mente llena de fumarolas. Simplemente no supiste qué hacer y probablemente los hechos te arrastraron. Fuiste noble, Tebi. Respetaste a Jerónimo.

—Fui huevón, Reino.

—Eso lo resolverá el tiempo. ¿Quién te dice que dentro de un mes tu musa no se revuelque en un catre de bronce contigo en algún hotel de Chile?

—¿Por qué tiene que ser Chile?

—Porque queda lo suficientemente lejos para que los militares no nos agarren.

—¿Cuán lejos?

—Hay que atravesar varios océanos.

—No estoy tan seguro de que en Chile no haya militares.

—Tienes razón.

—Yo no agarré nunca un arma.

—¿Qué se habla en Chile?

—Huevadas, como en todas partes.

—¿Pero en qué idioma?

—Español.

—No vamos a entender nada, nadie nos dará trabajo.

—Buscaremos algo donde no se necesite el idioma.

—¡Recoger basura!

—Eres joven y guapo, Tebi. No te faltará una chilena que te ofrezca sus sábanas y su lorito.

—Sólo amo a Alia Emar.

—Por ahora, porque has vivido encerrado en una isla del tamaño de una nuez. Pero en Chile tendrás ciudades fabulosas. Rascacielos, automóviles, radios, señoritas con ligas moradas sobre los muslos blancos. Te enamorarás de una actriz con pezones del porte de una ciruela y una lengua que te chapoteará en la oreja como un cachorro. Cuando desembarques, antes siquiera que pienses en Alia Emar se lo tendrás adentro.

—Dime algo en español.

—«La Cruz del Sur.» Son cuatro estrellas que están siempre juntas.

—Todas las estrellas están siempre juntas.

—Pero esparcidas al azar, tiradas igual que dados en la mesa.

—¿Qué hacen todas las estrellas, Reino?

—Torrentes me dijo que todas se mueven juntas.

—¿Hacia dónde?

—Si todas las estrellas corren hacia un punto, llegará un momento en que tendrán que chocar contra algo porque el espacio no puede ser eterno. Y ahí todas las estrellas se harán mierda.

—Según el español las estrellas nunca chocarán porque el espacio es infinito.

—Nada es infinito.

—Escucha, si el espacio es redondo, todo da vueltas y nunca termina.

—Si dibujas un círculo en un papel y lo recorres con el dedo hasta que la línea termine, ¿cuándo acabará?

—Qué pregunta más estúpida: nunca.

—Bueno. Así es el universo.

—Entonces el universo es una huevada redonda que se mueve por las puras huevas.

—Es una buena definición.

Esteban extrajo de su morral una manzana y la mordió arrancándole la mitad. El resto lo puso en las manos de Reino, quien le hizo desaparecer en su boca con pepas y todo. Mientras la masticaba, alzó el dedo y pidió la atención de su hermano:

—Iremos a Chile sólo porque allí nos dejan entrar. Nos darán un pasaporte y nos olvidaremos de todo. Necesitan gente como nosotros, Tebi.

—¿Qué quieres hacer allá?

—Una película. La exhibiré en los grandes cines de Antofagasta, y luego seré famoso. Fumaré habanos como el austríaco.

La mención de Jerónimo sumió a Esteban en una instantánea melancolía. Así, contra el vidrio asoleado, le pareció a su hermano súbitamente pálido. Los ojos azules se le pusieron encapotados de una feroz ausencia.

—¿Qué más sabes decir en español? —murmuró mirando los fogonazos de los árboles que cortaban el viento a medida que el tren avanzaba.

—Nada —dijo Reino, alicaído.

—Pues yo si sé algo más, hermanito.

—Me gustaría oírlo.

El joven se humedeció ceremoniosamente los labios y luego suavizó sobre ellos las sílabas:

—«Sálvame.»

—¿Qué es eso?

—Me lo dijo Alia Emar al despedirse. «Es lo primero que tienes que aprender en español», me dijo.

—¿Pero qué mierda significa?

—No tengo idea, hermano. Debes conseguirme un diccionario.

Reino se golpeó las rodillas y luego se mesó el pelo desesperado.

—¿Un diccionario español-malicioso en Italia?

Esteban tragó abundante saliva, y miró el mohoso ventilador que pendía inactivo sobre el pasillo.

—Debimos habernos traído a Torrentes —dijo.

—En eso estaba pensando.

Horas más tarde el tren disminuyó la marcha, hizo sonar la sirena, y los jóvenes leyeron un cartel que decía «Rímini». Medio minuto después se detuvo, y los muchachos maliciosos callaron fúnebres tratando de recordar las instrucciones del jefe de estación.

34

En la alcoba nupcial la noche fue lenta e imprecisa. La trabajosa intimidad reveló que la historia de la isla había dejado huellas. Alia Emar supo aceptar un beso de Jerónimo, quien extendió la lengua desde el hombro desnudo, trepando por el cuello, y deteniéndose en la fosa axilar de la novia. Junto al estremecimiento, le sobrevino una rigidez que la hizo apartarse y llenar otra copa de champán. Luego mitigó la fiebre de sus pómulos contra el vidrio helado de la botella.

Tuvo la sensación de que Marta Matarasso estaba en la habitación ofreciéndole la colcha desgarrada de sangre. En las difusas nubes sobre el mar, proyectó la imagen del humo del cigarrillo que fumaba Esteban el día que vino a la tienda y la aguja de la modista francesa le hizo brotar esa mínima sangre en el seno. Aquel retrato en la sombra eran los rostros de Antonio y Magdalena que esperaban de ella el rendimiento de una hembra eficaz. Las sirenas de los navíos austríacos y los gritos de comando le habían descobijado el pueblo. Sólo un bullicio de tropas donde antes el viento raspaba los almendros.

Su marido se despojó de los zapatos de charol y ubicando los pies sobre el marco del lecho, los puso a respirar, manteniéndose alerta. Nada debía intervenir para ocasionar el fracaso de su pequeña gloria. Una historia de cinco décadas le había enseñado que los ritmos afectivos de las personas no siempre marchan al compás de nuestros impulsos. Hacía diez años en ese mismo cuarto Stamos Marinakis quiso asumir el rol de una bestia desfogada; soltó el grito que había en su cuerpo, y la amada tuvo que conciliar el placer con la muerte. El aleteo de esa fatalidad lo ponía cauto, casi cobarde.

—¿Cuántas botellas de champán tenemos, Jerónimo?

—Innumerables. Pero sólo ésa está helada. ¿Qué te pasa, Alia Emar?

—Presagios.

—¿Cuáles?

La chica abrió la ventana y agradeció la brisa fría que calmaba sus orejas fogosas. Uno de los caballos de su esposo dormía amarrado al palenque de madera.

—Tienes miedo.

—No. ¿Por qué habría de tenerlo?

—Las sirenas, los gritos en la noche. Lo que la gente ha hablado durante tantos años.

—Marta Matarasso tenía las venas transparentes. Dicen que cuando bebió vino tinto en la boda, la gente vio cómo el líquido caía por su garganta.

—Cosas que la gente cuenta. Cuando pasa un año de algo, todo se trasforma en leyenda. Esta misma dilación en que estamos empantanados será mañana un chisme en el pueblo.

—Lo siento.

—¿Por qué no vienes a mí?

—Bebo champán.

Fue hasta ella y chocaron los cristales. La muchacha le tomó la nuca e hizo que depositara la frente en su hombro desnudo.

—¿Me amas? —preguntó Jerónimo, ronco.

—Soy tu esposa.

—No era ésa la pregunta. —Se apartó, herido.

—Amo...

—¡Dilo de una vez, por piedad!

—Amo algo incierto.

—No entiendo, Alia Emar. ¡Di un nombre!

—No hay nombre.

—Entonces estás borracha.

—Si ahora estoy borracha, es que siempre he estado borracha.

—Borracha de qué, bestezuela. Si lo único que se bebe en tu choza es leche de cabra.

—Hay algo por lo que muero y vivo, Jerónimo. No tiene nombre porque es un misterio.

El austríaco extrajo la botella del balde de plata y bebió del gollete chorreándose la barbilla y el pecho desnudo.

—Tu misterio. Odio tu misterio porque no entro en él. ¡Cuánto más me habría valido ser uno de esos mulos necios de tu aldea que no aspiran más que a jugar a los bolos y beber slíbovitz. ¿De qué ha valido Mozart? ¿Para que sirven las estrellas, por el divino carajo?

—Son una señal de algo. Conducen a los navegantes.

—Alia Emar, aquí me tienes.

—La confusión es mi modo de pensar.

El hombre fue hasta la puerta y la abrió empujándola con el hombro. Llevaba en las manos la botella de champán y el vaso. Salió hasta la terraza de El Europeo, puso la vista sobre las nubes y bebió con la cabeza apoyada en la pared.

—¡Qué boda de mierda! —gritó para que todo el pueblo lo oyera.

Mas el pueblo se había desparramado hacia otros vecindarios, disuelto en playas remotas, alejado en barcazas, revuelto en los arrecifes y las montañas, huido sin ningún rumbo por los senderos rurales.

Sólo Mollenhauer, perfectamente afeitado a esa hora, el ojo avizor sobre el exiliado silencio del pueblo, oyó el grito, y se preguntó quién sería el criticón malagradecido que despreciaba esa orgía, cuyos fabulosos detritos empedraban las calles de tarros, botellas, ebrios, partituras de valses y turumbas.

A las siete de la mañana entró solemne al salón de El Europeo y halló a los esposos suspendidos en el tiempo como en una pintura holandesa. Un nimbo de ausencia y queda angustia se desprendía de ese silencio y le pareció percibir algo sórdido en la tela de las sombras nocturnas replegándose del violento sol.

Jerónimo levantó la vista hacia Mollenhauer y su pelotón de soldados cual si ellos también estuvieran fuera del mundo. No le hicieron sentido dentro de aquella mañana en la cual un meteoro podría pulverizar la tierra y no le inquietaría saberlo. «Tanto mejor», pensó, mientras los soldados se desplegaban por las habitaciones en busca de más nativos, sospechosos de que la fiesta hubiera seguido en el dormitorio de los cónyuges. Un día antes de esta derrota, se hubiera alzado con un vozarrón gutural y habría echado a rodar a los militares por el declive de la calle empolvada tirándolos de los fundillos de los pantalones. Pero el fracaso nupcial lo había tallado en una abulia apta para baldear a Mollenhauer con una dosis de indiferencia; volvieron al salón donde la novia con todas sus galas, hacía girar un dedo en el borde de la copa de champán. Ese dedo que rondaba era un perfecto símil de la celada que había atrapado a los esposos. Así había transcurrido la noche, entre lágrimas, silencios, injurias que surgían mordaces y se retiraban con vergüenza antes que la ira los desequilibrara.

Mollenhauer palmoteó las manos para reclamar atención. Jerónimo giró el cuello hacia él y lo consideró sin ganas desde el sombrero de opereta hasta sus botas lustrosas, pasando por esa mejilla rasurada con lija, y aquel aroma de agua fría y colonia barata. Aunque el militar no había hablado, Jerónimo lo sintió como un grito estridente en su aposento.

—Entiendo que usted y yo tenemos algo en común, señor Franck.

Apretándose el tabique de la nariz, el dueño de casa dijo:

—Lo dudo. Nunca he tenido algo en común con los militares, y ciertamente jamás he tenido algo en común con los groseros que entran a una casa sin anunciarse.

—No obstante sus veladas ironías, caballero, debo informarle que usted y yo servimos al mismo emperador.

—No conozco la palabra «servir» y no tengo otro emperador que mis propias ganas de hacer lo que quiera y cuando quiera.

—No cuando nuestra patria está en guerra, señor Franck.

—¿Contra quién?

—Implícitamente contra varias naciones; explícitamente ahora, contra los maliciosos.

—¡Qué guerra tan heroica! Una flota semejante a la Invencible Armada para atacar a un pueblo indefenso y pacífico cuya única entretención es contar cuántas olas por día tira el mar sobre la arena.

Mollenhauer vio un plácido sillón a medio metro inserto en una grata sombra. Le hubiera gustado sentarse allí, poner la conversación en un tono de compinches, de compatriotas, luego ubicar su vistoso sombrero entre las rodillas, y pedir disculpas por la entrada tan abrupta de él y sus muchachos.

—¿Me permite sentarme?

—No tengo nada a favor, soldado.

—¡Soy capitán, señor!

—Lo felicito. Se ve que la grosería ha hecho carrera en nuestra patria.

Disfrazó su desconcierto y humillación mirando cauto a Alia Emar, cual si también de ella fuese a salir una andanada. La muchacha se había despojado de la toca nupcial y olía un paquete de café recién abierto. Se sustrajo del asedio del militar yendo hacia una cocinilla donde puso a calentar agua y metió la infusión en dos tazas para prepararlo a la griega. La tropa de muchachones que volvían de revisar las dependencias, comenzaron a apiñarse en torno a su jefe.

—Señor Franck —agravó melodramáticamente la voz el capitán—, usted está metido en un problema de proporciones.

—¡Qué puede usted saber de mis problemas, hombrecito!

—Usted facilitó los medios para que un grupo de maliciosos, asesinos de nuestros soldados, escaparan hacia Italia.

—Oh, no, capitán. Tomaron mi yate con violencia y huyeron.

—¿Conducido por su propio patrón, un timonel italiano?

—Bueno, usted sabe cómo son los napolitanos. Ya debe haber vendido mi barco en Pescara a un ricachón de Venecia.

—Querido compatriota: lo que pesa contra usted en este preciso momento es un cargo de traición a la patria.

—Suena como texto de ópera.

—Pero el castigo no tiene nada de sainete, Franck.

—«Señor Franck», por favor.

—Señor Franck.

—¿Y cuál es el castigo para tal delito?

—Juicio sumario y fusilamiento.

Jerónimo se estiró en el asiento con un bostezo, fue hasta la cocinilla y detuvo oportuno la mano de Alia Emar que pretendía tomar al asa de la tetera con la mano desprotegida.

—Aún no conoces los utensilios de mi cocina. El agua arde en esta tetera dos veces más rápido que en cualquier otra, pero el asa se calienta tanto como el fondo. Siempre tómala con un paño.

El hombre lo hizo y derramó gota a gota el agua hirviendo sobre las dos pequeñas tazas.

—Un regalo del profesor Torrentes, por cierto.

Mollenhauer volvió a golpear las manos reclamando que se fijara en él.

—¿Conoció usted al profesor Torrentes?

—Tengo el gran honor de conocer al brillantísimo profesor Torrentes.

—Originario de Logroño.

—¿Qué es de él, hombre?

Mollenhauer por primera vez sintió que volvía a pisar tierra firme. Con la punta de una bota se rascó cierta picazón en la pantorrilla de la otra pierna.

—Murió, señor Franck.

Éste avanzó hasta la mesa, puso sobre el mantel la tacita de café humeante, y levantó la cucharilla.

—No puede ser, capitán. No más anoche participó alegremente en mi boda.

—Me agrada que vuelva a llamarme «capitán». Recupera cierta formalidad propia de caballeros. ¿Le interesa ver el cadáver de su amigo Torrentes?

—Más me gustaría verlo vivo. No juegue con mis sentimientos.

Los soldados evitaron una mirada de complicidad con su capitán y salieron por un momento del cuarto. Jerónimo avanzó hasta Alia Emar y apretó con fuerza su mano. La tetera comenzó a pitear, y fue el mismo Mollenhauer quien suprimió el fuego.

Cuatro hombres de tropa trajeron el cuerpo acribillado del inventor, lo depositaron incómodos sobre la alfombra, y regresaron a ubicarse alrededor de su jefe, la mirada hundida en las botas. Jerónimo se arrodilló junto al sabio y levantando levemente su cabeza la trajo hasta sus mejillas y mantuvo un rato los labios en contacto con la piel fría del anciano. Luego se apartó con suavidad, fue hasta su esposa y le indicó al oído que se retirara a su pieza.

—Pase lo que pase quiero correr tu misma suerte, Jerónimo —le susurró la chica.

Su esposo le despejó un mechón de pelo caído sobre la frente y se dio un minuto para contemplar esa inédita belleza en su amada, la ternura del cansancio, las huellas de aquel insomnio, nutrido de avances y retrocesos, el laberinto de un amor enredoso.

—Vete a tu cuarto, muchacha. Esto puede ponerse muy serio.

—No te harán nada. Tú eres austríaco.

—Ahí está justamente el problema. El cargo es traición a la patria.

Mollenhauer ahora sí se sentó, puso rotundo el sombrero en las rodillas, y desvió el rostro de una línea de sol que le caía en las cejas echándose atrás en el respaldo.

—Usted me lleva a una situación límite, señor Franck. Me ha privado del objetivo de mi cacería poniendo su yate a disposición del grupo de asesinos. Hiere profundamente mi corazón de austríaco tener que ejecutar a un compatriota, porque créame que no seré yo quien me alegre de la muerte de un paisano. Y por último aumenta mi desazón tener que fusilarlo justo en las horas de sus nupcias, sin que su preciosa novia haya disfrutado aparentemente de los beneficios de su amor.

—Vete a tu cuarto, Alia Emar. Ahora mismo —la urgió Jerónimo, pasándole en el puño la llave del dormitorio.

—Es decir —bromeó el capitán—, sería una barbaridad transformar sin solución de continuidad a la novia en viuda.

—Pido respeto por mi país y por mi esposo, capitán —dijo Alia Emar avanzando con la quijada altiva.

—Lo tendré, señora. Palabra de militar que no tocaremos a su marido ni con el pétalo de una dama. Lo llevaremos hasta nuestro barco, le ofreceremos un camarote a la altura de sus lujos, se le alimentará y dará de beber cual a un emir, y una vez en Salzburgo la corte marcial decidirá sobre su destino, fallo que le será evidentemente favorable gracias a los aportes del Banco Franck a los caudales de la patria.

—¿Cuánto tiempo tomará ese proceso? —preguntó Alia Emar, llevándose la llave de bronce a los dientes y mordiéndola.

—La burocracia austríaca no es más veloz que la maliciosa. En un par de años lo tendrá de vuelta a casa. Usted tendrá diecinueve y el novio cincuenta y dos. *Eine rosige Zukunft!*

Con un gesto que quebraba su parsimonia indicó a sus hombres que apresaran a Franck y lo retuviesen con fuerza. Un grupo de cinco soldados alzaron sus rifles hacia Alia Emar, a un solo guiño de su jefe.

—Jerónimo Franck, tu vida está prácticamente a salvo. Pero tu puta maliciosa va a tener que mostrarse generosa con mis muchachos.

—Usted no va a hacer eso, capitán —gritó Jerónimo tratando de desprenderse de la opresión de los soldados.

—Yo no, paisano. No me gusta coger con indias. Pero estos jóvenes no tendrán escrúpulos.

El pelotón se llevó hacia la calle de tierra al marido, y uno de los tripulantes detuvo de un bofetón en la cara la carrera de la muchacha hacia su esposo. Simuló llevarse la mano hacia la mejilla golpeada, y sin darle tiempo al soldado para que se defendiese le enterró la llave de bronce en un ojo. El mozo aulló, y sus camaradas se abalanzaron sobre Alia Emar rasgando su vestido de bodas.

Jerónimo siguió oyendo los gritos de Alia y las blasfemias de los soldados hasta que un silencio tajante lo separó de la escena. Ahora sólo escuchaba el taconeo de las botas sobre el empedrado, la respiración acezante de Mollenhauer que conducía al grupo hacia el muelle y el vacío de la aldea, ese modesto nido adonde lo trajo un día el azar.

En el lapso tan tenso evocó la noche en que Alia Emar vio girar un disco con sello rojo en el fonógrafo y él se oyó decir en estado de gracia «Mozart», igual que si esa contraseña fuera un abracadabra para entender la vida en la recta dimensión con que Dios la concibió. El Creador había concebido el universo dejándole a los hombres y mujeres del planeta una obra inconclusa. Nada ni nadie podría ahuyentar de su mente esta cabal comprensión. Buscamos los fundamentos de nuestras existencias hacia atrás, los fijamos en principios, en eternidades, se dijo, los pómulos ardiendo en lágrimas. Pero no fue eso lo que quiso Dios, Alia Emar.

Aspiró profundo el aire que llegaba en ráfagas desde el mar.

—¿Alcanzó a advertir la campana en la torre de nuestra iglesia, capitán?

Mollenhauer cerró la mano sobre la empuñadura de su espada, y le echó una mirada breve al templo.

—Es milagroso que se sostenga en esa estructura.

—Es milagroso —repitió Jerónimo—. Cuánto me gustaría que en este momento sonara la campana.

—No se haga ilusiones. Del pueblo arrancaron todos. Hasta el cura que hizo intervenir al Papa.

—¿No hay quién toque las campanas?

—Se lo aseguro, señor Franck.

—A veces, sin que nadie tire de la soga, suenan cuatro campanadas.

—Tendríamos que esperar hasta las cuatro y me urge volver a casa.

—Oh, no. Su cantinela no es tan lógica. Simplemente a veces sucede. A cualquier hora sucede.

Jerónimo dejó que el viento salino le secara el llanto sobre las mejillas. Mollenhauer adoptó un gesto grave e hizo una señal al pelotón de marinos que aflojaran la ruda presión con que arrastraban al prisionero.

—Le debo una explicación, señor Franck. Quiero decirle que todo esto que ha ocurrido, es una lamentable concatenación de hechos de los cuales yo soy apenas un…

—… «soldado», Mollenhauer.

—¡Un soldado! Me ordenaron una acción horripilante, algo que no dejara jamás a los maliciosos con ganas de sublevarse contra el imperio. Fusilar a los jóvenes de su yate hubiera sido jauja para mí. Pero usted lo impidió, paisano.

—Comprendo.

—Mi deber concibió el mal rato para su esposa. Ella no es de los nuestros, y el acontecimiento, rodeado de los faustos de la ceremonia nupcial, la fiesta apocalíptica, será mito por siglos, será historia, señor Franck. Soy un soldado, un soldado. El ejecutante de un acto *simbólico.*

Había llegado a la playa. La arena estaba cubierta de restos de plantas profundas y conchuelas de molusco arrojadas por el mar en la noche. Éstas dificultaron la marcha sostenida del pelotón hacia el bote que los llevaría hasta la nave mayor. Cuando tocaron el agua la patrulla se detuvo a la espera de que el remero se acercase.

El prisionero se lamió las venas enrojecidas y luego alzó los brazos hacia el viento benefactor. Entonces vino confidencial hasta su verdugo.

—Paisano, ¿sería usted tan patriota de concederme un inmenso deseo?

—Sí, si estuviera en mis manos hacerlo.

—Justamente está en sus propias manos lo que anhelo. Su revólver, capitán.

—¿Mi arma de servicio?

—No sospechará que con ella quiero enfrentar a su Invencible Armada completa.

—Oh, no. Por supuesto que si ésa es su decisión, puede tenerla. Tómela.

—Y si pudiera pedirle un último favor desde el fondo de mi alma, ¿me dejaría usted que yo remara solo en el bote hacia su nave?

—Es algo muy insólito. Pero por otra parte comprendo. Todos estos chicos son muy impresionables.

—Tiene usted un corazón de oro, capitán Mollenhauer —dijo Franck subiéndose al bote y empujándolo de un envión hasta las aguas profundas. Luego montó en él, dejó el arma sobre una soga enrollada, y permaneció un minuto asegurando los remos en los aros de babor y estribor. En esa faena oyó el grueso vozarrón del capitán quien proyectando la voz entre sus manos hechas una bocina, le gritó:

—Lamento que nos hayamos conocido en estas circunstancias,

señor Franck. Si hubiéramos tenido más tiempo para intimar se daría cuenta que no soy una mala persona.

Franck asintió con una sonrisa, y en cuanto estuvo a unos pocos metros de la costa atacó los remos con la furia de un galeote esclavo y dejó que las lágrimas le saltaran junto al sudor, ahora que no se exponía a la vista de sus verdugos. Escupió sobre la espuma la saliva amarga que le bloqueaba la boca, y se soltó los zapatos de charol observando con ironía que uno de ellos estaba manchado por un buen trozo de crema de la tarta nupcial.

Entonces dejó de bogar, dispuso los remos sobre la longitud de la nave como una cruz, aspiró mucho aire, aprobando con satisfacción la elasticidad de sus pulmones sanos, afinó el oído rogando que su isla le regalara el milagro de las cuatro campanadas, y se palpó el cuerpo con la esperanza de haber guardado un cigarrillo.

Pero no hubo tabaco ni sonaron las campanas.

Jerónimo Franck puso el caño del revólver sobre el bolsillo de la camisa y se disparó con eficacia en el corazón.

35

Una vez me amaron en Chile, y yo no amé —dijo la vieja cónsul moviéndose como una catedral de luto entre los muebles desvanecidos por el sol—. Y otra vez amé en Italia y no me amaron. ¿Con qué vara se puede medir mi soledad? La gente me recuerda en mi patria con un vestido de campaña y la falda llena de migas. Hace años que no vuelvo. ¿Qué les puedo contar de mi país? Es ligero, tránsfuga. Una sola cicatriz delgada lo raja de punta a punta. ¿Para qué volver? El primer día la gente saldría a las calles para gritar allá va «la divina». El segundo comentarían «allá va ella». El tercero escupirían por el colmillo: «ahí está otra vez esa vieja de mierda».

Se sentó rotunda cual un cardenal e hizo rodar sus ojos grises por el grupo de maliciosos. El olfato le adelantó que no tenían muda y que el único capital que poseían eran esas camisas transpiradas en los trenes rurales de Italia. Pero le bajó la curiosidad por saber qué traían en esos morrales. Le hizo un gesto a Reino Coppeta de que abriera la bolsa y exhibiera su contenido. Un rollo de cáñamo para pescar, un cuchillo oxidado, otro de buen filo, un retrato de una mujer joven y con la mirada atónita de quién es merodeada por la muerte, un par de zapatos nuevos, quizá un par de números demasiado chicos para esos pies desnudos vaporosos de callos.

—Tengo un cuestionario de rigor antes de darles la visa para mi patria. ¿Que buscáis en ella?

—Paz, madonna —dijo Rolando el Largo—. Paz y una cancha de basketball.

—¿Y qué os hace pensar que encontraréis paz en Chile?

—La distancia.

—Hay una maldición que cae sobre todos los hombres que quieren paz. Aquí está a punto de comenzar una guerra y los militares le han puesto piedras en la boca a la gente. Ya están mudos. Ya llevan el nicho en las lenguas. En mi pobre país ignoran a media Europa y a toda Asia, pero opinan sobre ella con una frescura incalificable.

—¿Mucho trabajo, madame? —se interesó Rolando el Largo—. ¿Quizá volvemos otro día?

—Si volvieran otro día tendría que bajar desde el segundo piso otra vez y mis piernas se pudrirían en el trayecto.

—¿Se siente mal, señora?

—Sola.

Se concentró de pronto en su correspondencia oficial, y el grupo pudo discernir que llenaba una hoja con cifras pulcrísimas en tinta negra. Durante un buen tiempo se abstrajo del conjunto de emigrantes y sumó y restó en voz baja.

—Me deben tres meses de sueldo. La valija diplomática de mi gobierno tiene una frecuencia estacional: primavera, otoño, invierno, y nunca. *Never more!* Alguien me odia en el ministerio. Quizá el mismo presidente. ¿A cuánto está el kilo de tomates?

—No lo sabemos, excelencia. Nuestro dinero no lo aceptan en ninguna parte.

—¿Tenéis un billete aquí?

Rolando le indicó a Esteban que le pasara dinero. La cónsul lo observó y rasgó con una uña la frente austera de un general hosco.

—¿Y quién será este huevón? —preguntó—. Me revolcaría en mi tumba si un día mi cara apareciera en un billete.

Extrajo unas monedas de grueso espesor y le pidió a Rolando el Largo que fuera al mercado y comprara tres kilos de tomates, dos cabezas de lechuga, y algo de pesto.

—Señores, vais a mi país y por lo tanto les debo una cena anticipada de desagravio. Mientras vosotros deglutís tubérculos napolitanos yo prepararé vuestros papeles. Ya se ve que a pesar de los dulces ojos de este *bambino* —indicó acusadora hacia Esteban— sois unos delincuentes.

—Somos gente de trabajo, señora. Honrados.

—Sí, mi hijo. Tan honrados como los elegantes españoles que fundaron mi país. Tomaron a las indias y llenaron a Chile de huachos, pero se casaron con la señoritas que mandaron a buscar a Madrid. La última vez que hubo en España un discurso en mi «homenaje» alguien dijo con orgullo que yo había agradecido a los españoles que entraran en contacto con las indias. Y cuando quise aclarar mis dichos, un monigote se levantó con las mejillas infladas de vino y dijo: «Lo que esta señora no sabe es que si allí los españoles tomaron a las indias fue porque no había monas.»

La dama alzó con dificultad sus nalgas, dándose un segundo para ordenar sus huesos, y con tranco irregular caminó hacia Esteban y puso muy cerca sus ojos de esas pupilas azules. Luego se sostuvo en uno de sus hombros al acometerla un vértigo.

—Eres muy secreto —le dijo—. Pero hueles como perro de establo. Vete a aquel recinto y espérame. Y en cuanto a ustedes, ayuden a Don Quijote a aliñar la ensalada.

—*Non capisco* —dijo Esteban Coppeta, luciendo el ciento por ciento de su italiano.

Mientras el grupo se disolvía en el pueblo, mirando con los labios caídos los trasatlánticos que entraban en la bahía de Génova, la mujer hizo entrar a Esteban al baño y echó a correr en la tina un chorro de agua candente que en poco rato empañó los vidrios y baldosas.

El joven se asombró con ese líquido que parecía salir de un horno subterráneo.

Entonces la mujer le extendió una bata de género espeso y blanco, puso sales bajo la espuma que levantaron un chorro opalino, y le propuso con señales muy ilustrativas que se desnudara y entrase al agua. Esteban se ruborizó y supo demorarse fingiendo interés en el vapor y las fotos de un monte desértico sobre la muralla, hasta que la dama se fue del cuarto. En ese instante, el muchacho se despojó en un segundo del bolso de cuero del viejo Coppeta, que aún colgaba sobre su hombro, de la camisa condecorada con olor a labriego, de los zapatos con las puntas de cuero abiertos para permitir la libre expresión del dedo gordo, y de los slips, que decidió meter de inmediato al agua para evitar que el rubor le aumentara a tal grado que la cara se le chamuscase.

Tan rápido como el acto de desnudarse, fue lento el ingreso a la tina. El agua desholladora le quemó un pie, al cual vio adquirir la intensidad de una jaiba, y con prudencia mucho mayor introdujo el segundo como un alpinista que buscaba sostén en una roca sospechosa.

Mas en cuanto la cónsul entró trayendo una camisa azul turquesa en la bandeja se sumergió en el infierno para cubrirse avergonzado sus atributos. Haciendo un cántaro con sus palmas, la mujer cogió agua de la tina, la derramó sobre el pelo hirsuto del muchacho, y aplicando champú hecho de yema de huevos comenzó a frotarle la cabeza con suaves vibraciones que terminaron por relajarlo.

–Tú y yo tenemos que hablar –dijo la diplomática–, por eso envié a todos tus rufianes al mercado.

–*Non capisco, signora.*

–Tú y yo –siguió indiferente– tenemos un peso grande que nos agobia. A mí las desgracias me han velado los ojos, apenas puedo distinguir los objetos entre las sombras. Pero tú traes el llanto como una llamarada en tus ojos. ¿Qué aflicción te agobia, muchacho?

–*Signora, veramente, non parlo italiano.*

–Te hablo en español, tonto. Así te hablará la gente en Chile.

–Chile –sonrió Esteban.

–Yo…

–¿Madonna…?

–Yo cargo muertes. Una en Chile, otra en Brasil.

–Chile, señora.

–Y la soledad. Una muerte que crece cada día. Una planta voraz. «Soledad.» El infierno entero cabe en esa palabra.

El chico se disculpó de su perplejidad sonriendo, y ella tomó agua de la bañera y se la fue echando sobre el cabello con un jarro. Luego le puso la cabeza en el borde de la tina y le indicó con sus manos lentas que se relajara.

–Descansa, Esteban. Ha sido un placer conversar contigo. No me has contradecido ni una sola palabra.

Ahora, en la quietud de ese cuarto de una villa antigua que le pareció pomposo y pleno de lujuria, el joven Coppeta supo respirar hondo, y por un momento quiso resumir los tramos de su vida que lo habían llevado hasta este instante. La conclusión más obvia fue que estaba vivo. Inmediatamente relativizó su hallazgo con una mirada consecuente hacia la camisa azul diciéndose que eso no le importaba nada. Tal vez la muerte hubiera sido más benigna que esa ausencia de Alia Emar que lo hería día y noche sin que ninguna estocada fuera final. ¿Cómo se había producido ese desenlace? A los veinte años su vida parecía haber topado los límites.

Oía las palabras de la dama, «Chile», «soledad», y una nada total perfeccionaba su dolor. Claro que era repugnante morir tan joven, pero por qué se aferraba a este jirón de existencia con tanta abulia. ¿Debió haber seguido a Reino y sus secuaces? ¿O acaso huir de Costas de Malicia con Alia Emar el primer día que la amó? ¿Cómo había dejado que la timidez y la torpeza atenazaran de tal modo su lengua y sus actos? ¿Cómo había llegado a mutilar el fervor por ella permitiendo que se filtrara Jerónimo en su vida? Jerónimo y Mozart. Y los libros.

Combinada la temperatura de su cuerpo con el líquido que declinaba la suya amablemente, sintió que la relajación y el hambre lo ponían al borde de un desvanecimiento. Supo que podría resistir esa tentación secándose en esa toalla de blancura boreal y luego estudiando vanidoso cómo la seda azul turquesa de la camisa combinaría con su mirada azul cobalto. Sin embargo la necesidad de una tregua rindió sus músculos con agresiva promiscuidad. El vahído le trajo toda la sangre a los pies, y perdió la conciencia pensando que era bello no sufrir.

La cónsul en tanto leyó en un legajo del Ministerio de Relaciones Exteriores que las visas debían estamparse en pasaportes, y que a falta de dicho documento, en condiciones excepcionales y con debida fundamentación podría darse un salvoconducto provisorio que incluyera al menos una foto del postulante, su seña digital, y las indicaciones básicas, a saber fecha y lugar de nacimiento, oficio o profesión, rasgos físicos especiales, y motivos por los cuales deseaba emigrar a Chile.

Dispuesta a complacer al reglamento abrió la carpeta encaratulada «Salvoconductos» y al encontrarla tan vacía cual alforja de mendigo, redactó un recado para la próxima valija diplomática pidiendo un buen arsenal de dichos documentos, pues en vista de una guerra más inminente que probable sospechaba que ya sus oficiosos y agotadores días en Rapallo iban a centuplicar su dedicación a la patria malamente retribuida y desde hacía tres meses nulamente remunerada. Cientos o miles de exiliados, fugitivos, o refugiados, golpearían sus puertas.

Entonces puso su atención sobre una caja forrada en rojo opaco con la inscripción «Pasaportes» en abundante trazo autoritario de color negro.

El cartón contenía sólo un documento, magníficamente conservado, con el emblema del huemul y el cóndor sosteniéndose sobre el escudo patrio. La visión de ese símbolo convencional le produjo una feble ternura, y con iniciativa antiburocrática, estampó su nombre en la carátula y escribió con trazos de tinta azul «Pasaporte Colectivo», ignorando que al hacerlo creaba un certificado inédito e insólito en Chile.

A esas alturas, fastidiada del tiempo consumido por la extenuante labor consular, recordó a Esteban, su marinero en tierra, y sonriendo al evocar la efusividad de un poeta español amigo que le había prescrito un volumen con ese título, fue hacia el baño a rescatarlo con otra toalla de tela blanca y áspera textura. El joven flotaba inconsciente entre el vapor. Inventando una fuerza que sólo le concedía a los momentos más íntimos de su lírica, la mujer puso sus brazos bajo las axilas del joven, y experta cual una salvavidas de San Remo, lo arrojó desnudo sobre las baldosas de cerámica ornamentadas con ramos de olivo, y procedió a insuflarle aire, abriéndole tenaz la boca, al tiempo que oprimía sus pulmones haciéndole fluir chorros por la boca.

Cuando Esteban salió del sopor y abrió los ojos con la viscosidad de un aturdido, se abrazó a la mujer, quien lo levantó desnudo y lo condujo al dormitorio. En la amplia cama conyugal las sábanas olían frescas y vegetales, y Esteban advirtió la escueta figura de un enorme Cristo de madera casi cayendo de la tosca cruz. Cuando ella lo puso en el lecho cubriéndolo con una colcha elemental el joven le oprimió los pómulos y le acercó los labios hasta tocárselos con la lengua.

La señorita cónsul se apartó levemente y colocándole un par de dedos en la sien, le susurró:

—No un amante. Un hijo.

36

*N*unca había entendido a cabalidad la fra-
se de que los escritores no buscan un tema,
sino que el tema los encuentra a ellos. He aquí que encontrándome por algunos días
en Génova a la espera del transatlántico Opera Prima *en el cual emigraré a Amé-
rica harto de la cesantía europea que no le permite a uno ni siquiera trabajar para
un mísero periódico de Costas de Malicia sin verse acorralado por los insignifican-
tes patrones con unas exigencias de pulcritud, exactitud y estilo que llevarían al si-
lencio hasta a Oscar Wilde, he aquí, digo, que un vendedor de cacahuetes me re-
comienda con efervescencia que fustigue mi espera de la nave con una visita a
Rapallo para conocer la Torre Cívica de 1400, una construcción grecorromana, y
la puerta de las Salinas, un monumento barroco de 1700. Así, alentado además
por pérdidas imprudentes en el Casino de San Remo, me dediqué a trocar el vivaz
tapiz de la ruleta por las incursiones a las piezas arquitectónicas nombradas.*

Mandé un telegrama al diario La Lengua *de Agram diciendo que me
ausentaba de Génova para seguir en Rapallo las fastidiosas conversaciones
políticas de los equipos de Sforza y Trumbic que quieren fijar límites con ri-
gor para superar cuanto antes los litigios fronterizos entre Costas de Malicia
e Italia, y cuyo acuerdo eventual, quizá en una década, consista en declarar
a Fiume un Estado libre en el Adriático.*

Como hasta los reporteros que perguéñan pronósticos hípicos en los diarios saben que se viene una temible guerra y que los pedazos fronterizos quedarán desparramados cual castillo de naipes tras el paso del mistral, no escapará a mis lectores que dibujar límites con lápices que borrarán con botas es una ociosidad destinada sólo a mantener los excelentes viáticos de Sforza y Trumbic, los negociadores, que en la costa del Mediterráneo no encuentran nada que les dañe la salud.

Pues bien, he aquí que hacia el Pomeriggio, ya en Rapallo, camino a la Torre Cívica, me encuentro de golpe y sopetón con un grupo de desarrapados y barbíferos mocetones, levitantes cual basquetbolistas, a quienes en una segunda pestañeada identifico como un escuadrón de indómitos anarquistas maliciosos sobre los cuales había escrito una animada crónica para un diarucho pernicioso, al que no voy a mencionar para no ensuciar los ojos de mis lectores, que me había valido la censura política, el no pago del último mes, y el finiquito de mi corresponsalía en las islas de la región.

El alboroto de jóvenes venía precedido por uno que llaman Rolando el Largo, una suerte de caricatura de Don Quijote que no usa sus brazos para embestir molinos y malandrines sino bellacas pelotas de basketball que las encesta sin fallar desde hasta diez metros de distancia. Este personaje me resulta muy simpático pues domina el español y todo su repertorio de «zetas» que me recuerdan a mi abuelo, un nativo de Madrid, fabricante de butifarras; este extenso personaje fue contratado por un deportivo de Sevilla durante cinco años y se aburrió de encestar antes los mínimos locales, con consecuencias contradictorias: por un lado su equipo salió minuciosamente campeón, temporada a temporada, y por otra la Asociación de Basketball sugirió a las Cortes que se pidiera visa de residencia a los maliciosos «quienes rompen el natural equilibrio en las competencias locales». Denegada ésta, Rolando el Largo trasladó sus zetas y sus pelotas de vuelta a Gema donde fue fácil presa del anarquismo reivindicador de minicausas provincianas y grandes utopías universales.

Ahora en Rapallo, el alegre malicioso venía por los callejones tramando unos malabarismos con tres tomates del tamaño de melones, mientras sus compinches cargaban un canasto de cebollas, algunos cambuchos de limones y una plumarada de lechugas costinas que hacían crujir los dientes de puro mirarlas. Con semejante carga se podría preparar una ensalada digna de mandarines, aunque los futuros sacerdotes de este rito parecían robados de franceses, doctores en jirones y mendicidades. Quizá el hambre les había tallado aquel rictus de funerarios profesionales, y en contraste con su apariencia, los tomates parecían globos en fiesta de cumpleaños.

En una tercera ofensiva los identifiqué definitivamente; eran el total de la patota de sonámbulos que echaban piernas en el muelle de Gema ávidos por huir de las tropas de un tal almirante Mollenhauer que organizó una sangrienta ópera bufa con violación de una virgen y cañonazos al célebre campanario de la localidad, todo sólo para meter en los habitantes «the fear of God» como cuenta en un breve suelto de hoy el London Time. *El informe lo consuma un horrorizado navegante que atracó al pueblo tras los actos y que debió arrastrar hasta las capillas las víctimas de la* vendetta *para evitar que los perros les abrieran los vientres con sus fauces.*

El instinto periodístico me dijo «¡Tate Gómez Stalker!: aquí el tema te vino a buscar» y si el pusilánime Time *de Inglaterra había alzado una ceja ante esta cazuela de espantos clamando por justicia extraterritorial para esta flagrante violación de derechos humanos, nada de raro que se interesara también por una crónica escrita con mi metafórica pluma que contara con pelos y señales el destino de los instigadores del drama.*

Con júbilo auténtico abrí los brazos como si quisiera abarcarlos a todos y les grité en malicioso:

–¡Salve héroes de la patria, bellos querubines de la libertad!

De seguro oír su dialecto en estos balnearios ajenísimos, los excitó, pues aceptaron alegremente los palmoteos y los cigarrillos que les repartí y encendí con generosidad de candidato. Tras fumar una cajetilla en menos de lo que tardó el reloj del castillo sobre el mar en dar las dos, inquiriéndoles yo con alguna acuciosidad filosófica sobre el propósito existencial de sus vidas a partir de este momento, confesaron que había una inmensa ensalada en su futuro cercano, la cual colmaba casi todas sus ansias de «sentido».

Con deliciosa solidaridad preguntaron si no necesitaba un pasaporte, pues ellos tenían excelentes contactos para conseguirlo, y si, excusando la diferencia de clase y atuendo, acaso yo no compartiría la ensaladita que pronosticaban aliñar en la tina de baño del Consulado de Chile, siempre y cuando el joven Esteban Coppeta hubiera evacuado el recinto. Les dije que contaran conmigo y les callé con entusiasmo lo que acababa de leer en el Time.

Mercaderes maliciosos avecindados desde el tiempo en que el Principado de Venecia cultivaba el oriente intercambiaron con el grupo sílabas del terruño natal en la feria de quesos de Rapallo y las mezclaron con ofertas de rebanadas de jamón de Parma (inauténtico), tomates, lechugas y limones, contingentes de escarola, pepinos, aceitunas negras, neutras y amargas, queso de cabra fresco, dos litros de aceite de oliva ultra virgen, un paquete de sésamo tostado, un utensilio para cortar la cebolla a la pluma, ramitos de perejil, una sentenciosa mostaza venida de Francia, vinagre totémico de la Toscana, un saco de lona blanca repleto de zanahorias aún provistas de barbas y con un grosor apto para tajarla sin dañarse los dedos, más orégano, charlotas, su no sé qué de rabanitos con el alegre penacho rojo elevándose sobre un arsenal de papas, y un barril de fugatas sucias con apetitosas huellas de harina en las cáscaras doradas.

Los buenos mercaderes, deduje, asumieron que los ancestrales forajidos se embarcaban hacia América en un galeón genovés y se desprendieron de esa chacra con el propósito de que no le faltara a los chicos que comer durante el mes de travesía. El objetivo de los patriotas era con todo mucho más estoico: agradecerle con hortalizas a la cónsul de Chile las molestias que se tomaba en prepararles un salvoconducto hacia el fin del mundo. Esta frase no es gratuita, como señalan mis críticos, pues para sondear sus talentos geográficos le pregunté al joven Reino Coppeta dónde se imaginaba que quedaba ese país con nombre de gato. Coppeta alzó el índice y lo estiró hacia el horizonte con la determinación de quien sabe que va a traspasarlo.

Al entrar al consulado, una modesta pero agradable casita floral de dos pisos, la señora cónsul no me prestó la menor atención. Nos dijo en ronco y melancólico italiano que no tenía lamentablemente más que un pasaporte disponible, pues la otra bolsa con las libretas rojas la habían comido las ratas durante su permanencia en Petrópolis, junto a otros bienes que prefería no detallar pues le causaba ira demais. «Mucha ira», le traduje a los emigrantes.

Nos dijo enseguida que en un acto consular de prosapia extravagante iba a practicar una solución heterodoxa para que fuéramos a rompernos el lomo en su patria cuanto antes. Nos daría, traduje, un pasaporte múltiple, con doce visas estampadas en sus páginas, situación que probablemente acarrearía una carambola de problemas: primero, la petición de renuncia al cargo de cónsul o su degradación a agregado cultural en Bélgica; segundo, la carencia absoluta de documentos válidos en caso que estallara la guerra y algún potentado monárquico o republicano le pidiese un salvoconducto; y tercero, la circunstancia algo gregaria de que el grupo en sí no podría disolverse nunca, pues desprendidos del tronco (la foto colectiva) las frutas se podrirían en una anonimia ilegal.

Ustedes desde hoy en adelante son «más o menos doce» determinó, como los apóstoles en la Santa Cena, como una escuadra de fútbol. Yo no tuve ganas de precisar su error, amparado en ese cariñoso «más o menos», con que nos entregaba un extenso y enredado cordón umbilical.

Cuando dije citando a Dumas, «todos para uno, uno para todos», se dio cuenta que mi atuendo, mis modales, mi cultura, mi ironía, mi síntesis, no combinaban del todo con esos arrabaleros dejados de la mano de Dios, y con un pestañeo de sus ojos verde grisáceos, pareció compartir mi sonrisa, pensando probablemente que era un infiltrado del gobierno regional que los metería a todos en chirona tras la «última cena». Se sacó unos rigurosos zapatones de medio taco, puso sus pies arriba de una mesita rococó, se echó aire en las pantorrillas agitando un abanico de varillas finísimas con el diseño de una maja atragantada de claveles en las orejas y la boca, y pidió a los compagni que procedieran a embadurnar la ensalada a piacere.

Éste fue el minuto en que los pajarracos se desbandaron por la casa en busca de herramientas, servicio, utensilios, y Rolando el Largo encontró a Esteban Reino en el lecho único y principal con una erección en mitad de la sábana y un termómetro igual de erguido en la mitad de la boca, que marcaba confortables 38 grados.

Se echó las papas en una caldera con cáscara y todo y tras remojar los vegetales frescos, se los hundió promiscuamente en la tina del baño, y allí mismo, para evitar que se perdiera la espontaneidad de sus jugos, se los clavó, rebanó, y condimentó, con finísima gula.

Buscando una manera de corresponder a tanta generosidad, acudí a la bodega de la esquina y le indiqué al mesonero que me llenara dos barriles de vino rústico de la región, que según los científicos sirven de maravilla para conservar insectos en tubos de laboratorio a falta de otro elemento. Los traje con la ayuda de Rolando el Largo, quien confesó una apremiante sed que el agua potable de la cónsul no abrevaba. Ya en la taberna no escatimamos un chianti a precio de usurero para aclarar garganta e ideas, y le pusimos un par de filosofías y recuerdos, en ánimo de iniciar una amistad. El Largo efebo no tenía otro horizonte que el aro con la malla, y suponía que semejante dote lo ayudaría también a emboques de otro arte.

Cuando volvimos al consulado, el propio Esteban Coppeta repartía porciones del huerto con una tenaza grande cual horqueta campesina y un cucharón artesanal del siglo XV al cual aún le colgaba el precio en libras esterlinas *del mango. El primero lo había sacado del mueble en la cocina, el segundo de una vitrina de trofeos. La mujer no parecía inmutarse con tanto alboroto, y ya cuando corrieron dos rondas de tinto y una de ensalada, le pidió al manojo de filibusteros algún aire del terruño, en pos de amenizar la velada con folklore. Mucho me temí que la inocente barbarie de mis personajes los condujera a la* Carambamba de la fruta, *pero ya ubicados en la dignidad de la señora cónsul, se suavizaron con un melancólico texto del poeta Nazar, cuyo estribillo decía:*

Sube, sube, poeta Nazar
A tu torre de piedra.
Junta las palabras
como el pastor a las ovejas.
Ni una queja salga de tus labios
de anciano dulce y sabio.

La diplomática masticó un jugoso tomate que llenó su tez oscura de un rouge *extrañamente sexual, y levantándose con la lentitud de un bostezo, cogió un mantelillo bordado que cubría el secreter de mañío, lo alzó en el aire cual una generala que se rinde, y anunció con una voz profunda, casi de fumadora, que retribuiría el arte de sus maliciosos, con un baile y canto nacional que apodó como «cueca». A pesar de que el zumo de la región ya me tenía las rodillas imprecisas y el pulso alegre, cogí mi libreta de anotaciones y tomé nota fonética de su canto. La dama lo emitió con un sonsonete cansino, cual si le estuviera diciendo adiós a alguien con el mantelillo que agitaba en su mano, mientras rodaba por la habitación, en un mínimo círculo.*

El texto decía:

Si en el huerto me robaran, la vida,

tu jazmín,

Yo la tierra entera sería

pa'que nacieras en mí.

Anda ladrona muerte,

no tienes suerte.

Al callar la mujer, el grupo de maliciosos, y yo mismo, nos quedamos absortos mirando el techo, como si desde esa niebla madre fuese a caer un ángel que se hiciera cargo de nuestro problemático destino. Yo también sentí una hermandad vinícola con esos muchachos que habían matado por una repentina combustión libertaria que los llamó a defender su terruño. Era paradojalmente esa misma lucha la que ahora los arrojaba de su modesto reino.

–¿Cuántos son? –preguntó la cónsul abriendo el pasaporte.

–Conmigo doce, señora.

–Pues vengan todos hasta la plaza, y cuiden que ninguno se caiga en el camino.

Eran las cinco de la tarde en Rapallo y los turistas alemanes y suecos bajaban desde sus hoteles hacia el balneario portando quitasoles con motivos sofisticados para distinguirlos de las lonas a rayas bicolores que poblaban la playa. Ninguno de los miembros de esos pálidos grupos pudo dejar de darse vuelta cuando vio semejante locomotora de hombres desgreñados, barbudos en un día cual ermitaños en un lustro, limpiándose las huellas la mayonesa con las mangas de camisas otrora blancas, y conducidos hacia la Torre Cívica por una dama de negro, que cual un serafín, aleteaba sus brazos tratando de explicar a esa bruma de hombres con poco pasado e incierto futuro la bella magnitud del paisaje que los rodeaba.

En la plaza, la cónsul hizo posar a todos bajo el neutro espacio de la muralla y le pidió al fotógrafo de cajón y manguera que acometiese con su trabajo, no importándole esta vez tanto su arte, sino que cupiéramos los doce en el formato de sus películas.

–Foto familiar cuesta el doble, señora.

–Pues no es foto familiar. Es foto de pasaporte.

–¿Pasaporte de doce personas?

–Doce, Domenico.

–No quiere usted ponerse también. Se lo hago por el mismo precio.

Me detengo es este detalle, pues una vez que los maliciosos posaron enfáticos ante el lente bajo ese sol de fritanga, trabé conversación con el artista y le hice una oferta por el negativo. Me lo vendió por el doble del fotograma una vez que lo hubo bañado abundantemente en sus líquidos secretos, revuelto en el agua santa de la revelación, y agitado cual elevador de barriletes para secarlo en ese espacio sancochado, sin brisa ni para arrastrar un boleto de tranvía.

Puse el retrato en mi libreta de anotaciones con la vaga intuición de que un día me serviría para algo, consciente sin embargo que estos modelos anónimos no daban ni para una nota al margen del *Gran Libro del Señor.* Excepto la cónsul, que con su mirada de águila, su energía imprevista e improvisadora, su lenguaje fustigado por la ironía, y cierta tristeza que le venía de una viudez de señorita, me impresionó como un personaje capaz de desembarcar en la luna o ganar un Nobel.

Los once de la fama cupieron en el papel brillante, incendiados por el sol, aunque la palidez de los rostros atenuaba de modo harto cívico sus barbas desfachatadas. Yo, se comprenderá, me abstuve de implicarme en el retrato.

En medio del grupo, serios como muertos, están los dos hermanos Coppeta, según mi pronóstico, última vez que se los verá juntos en un documento, pues uno tiene el instinto de la fiera para atacar por doquier, y el otro la mansedumbre de la oveja que sólo espera los colmillos apocalípticos del lobo. Un escritor destacaría en uno su rusticidad, en otro su ternura. Dos atributos con los que me imagino no conquistarán América.

Y con esto pongo fin a mi crónica, cuyo tópico vengo a revelar recién en este colofón. Ésta es la estirpe, queridos lectores, de los emigrantes que van otra vez al Nuevo Mundo. En sus alforjas no cargan nada, como no sea pobreza y acaso un prontuario. Sin embargo, preparan un buen vino si en la tierra se les da la vid, un buen aceite si en los árboles brotan las aceitunas, son altos si no se les humilla, y hasta huelen bien, si se los pone en una tina de agua hirviente que los desolle.

Para *La Lengua* por Andrés Gómez Stark, corresponsal en tránsito.

37

Paula Franck organizó los funerales de su hermano con la eficacia de una ama de llaves inglesa. Nadie supo que hubiera llorado. El cuerpo fue traído a Salzburgo por una empresa frigorífica que lo recogió directamente desde la nave del almirante en Curica. Éste lo puso en un *container*, y detalló en el rótulo para la aduana «Difunto rico». Mollenhauer recibió dos trofeos, uno por la hazaña de haber limpiado el sur del imperio de sediciosos terroristas, consistente en la cinta *Princesa Amalia* en recuerdo de la infanta muerta a tierna edad, y un cheque de madame Franck, gesto simbólico de retribución por la ternura y valor expuestos en el rescate de mi hermanito de las huestes enemigas y de la familia de Alia Emar con sus descocadas pretensiones.

El Europeo fue sometido a un remate que consideraba dos grandes ítems.

El local mismo, único en su especie en esas islas atrabiliarias y punto crucial en el destino de barcos que iban a Grecia o al oriente para descargar o intercambiar mercancías eludiendo impuestos, al cual se le podía dar uso de bodega, hotel de turismo dos estrellas, salón de encuentros (frase con que el abogado de la señora Franck

sugirió la posibilidad de que fuera un burdel en ultramar), estableci-
miento penal para reclusos políticos o comunes que ya atiborraban
las cárceles de Agram, y hasta, si el Imperio quería reedificar moral-
mente la isla, escuela pública para que maliciosos de ese islote e in-
mediaciones se formaran en la gran cultura imperial.

En el rubro *dos*, todo lo que contenía el inmueble, incluyendo
desde aparejos pesqueros, resmas de tela, estanterías, alimentos en
conserva, catres y sofás, vituallas internacionales, ítems de aseo, re-
puestos de grandes maquinarias, y hasta el balde de plata donde se
había puesto a helar el último champán.

El acta de matrimonio fue extraída sin violencia ni testigos de la
municipalidad, de modo que si algún día la *prostituida* señorita Alia
Emar acudiese a las cortes de Salzburgo o Agram a litigar por su
herencia, no tuviera papeles ni para sonarse las narices. En cuanto a
la nulidad de la ceremonia religiosa, el anciano doctor Gesner espe-
ró que el cura reapareciera en el pueblo desde las cuevas entre arre-
cifes donde había capeado el tifón Mollenhauer, y procedió a orar
largamente ante el altar, con tal convicción, que el propio padre con-
movido por la fe de ese anciano de nariz aguileña y anteojos de in-
quisidor, le trajo un almohadón de la sacristía sobre el cual pudiese
reposar sus artríticas rodillas.

El abogado le agradeció extendiéndole un cheque destinado a las
obras de reparación del campanario equivalente al presupuesto de
diez años de sueldo para que se procediera a limpiar con un trapo y
frotar la mancha de vino que había vulnerado el bronce milagroso
durante las celebraciones de esa *presunta* boda, que gracias a Dios *no
llegó a tener lugar*, como lo demuestra la inexistencia del libro de ca-
pitulaciones matrimoniales en la alcaldía, y el hecho advertido por
toda la población del templo durante la boda que la novia se negó

rotundamente a dar el «sí» cuando usted se lo ofreció, santo padre, y en vez de eso, como es tradición en su familia de brujas, herejes, y sulfurosas rameras, había abandonado el altar, para dirigirse al centro del templo quemando el acta de matrimonio e intentando un embate pirómano mayor que redujera a cenizas este templo, glorioso por el campanario del equilibrio imposible.

Dios lo bendiga por haber suspendido la ceremonia nupcial sin que se consumara la boda ante los ojos de Nuestro Señor. San Pedro lo recibirá, padre, dichoso de que haya expulsado a los maliciosos del templo, obligándolos a consumar sus ritos paganos en los escenarios de la naturaleza bestial donde mujeres y hombres se dejan copular por animales y donde la novia misma, en un acto de soberbia e impudicia, decide entregarse la misma noche de la boda a cualquier borracho que se le pusiera por delante. Este abuso llevó al pobre Jerónimo Franck, ingenuo siervo de Dios, blanda criatura que sembró dulzura y cosechó hiel, a los abismos del suicidio, condenando su cuerpo al infierno y su alma al limbo. Ayúdeme, padre, a rezar por él, por Jerónimo Franck, para que nada ni nadie lo perturbe, para que su fantasma no ronde en los páramos de este templo. Recemos de modo que nuestras súplicas le devuelvan la cordura de su alma, y se prepare, limpio de concupiscencia, a entrar en otra eternidad, a los jardines del Señor.

El cura Pregel tragó lo que tenía en las narices y un arsenal de lágrimas le alzó la nuez de Adán, sobresalto que no pudo pasar desapercibido por la mirada oblicua de Gesner quien cateaba el efecto de sus palabras en el temblor de las falanges del fraile. Quiso mitigar la pena del sacerdote golpeándole con ternura el dorso de la mano y reorientar, de paso, la posición del cheque de modo que el cura saboreara su magnitud.

Pero el Padre, antes que concentrarse en esos gestos, avanzó hasta el altar con la autoridad que le concedía ser dueño de casa. Se mantuvo de pie frente a Cristo, y vio en su imagen la agonía de la madre de los hermanos Coppeta cuando esa bestia de cáncer le roía los huesos, quebrándola de dolor, pero dejando intacta su fe.

Y oyó una vez más, afinada por la melancolía, su propia voz prometiéndole a la difunta cuidar de los inquietos mancebos. Y en la misma nebulosa vio a Alia Emar el día de su comunión: la arrogante certidumbre de su belleza a los siete años, cuando las otras chicas, revueltas entre los catequistas, parecían apenas el coro de un *prima ballerina*.

Y recordó el sabio Torrentes calculando la distancia del campanario hacia el suelo, confirmándole, sonrió, desde un punto de vista *relativamente* científico, que lo que estamos viendo no es posible. Y limpiándose los ojos en la manga de la sotana, fue hasta la imagen de yeso de la Virgen María con el niño de mejillas robustas y corona de rey, y en el mayor recogimiento, pidió a ambas celebridades perdón por la herejía.

Entonces alzó cual un gladiador en su mano derecha el cheque del doctor Gesner y manteniéndolo a esa altura para que al abogado lo tuviera plenamente presente, puso el documento sobre una de las llamas que subía tenue desde los candelabros en homenaje a la Madre de Dios, y sólo lo retiró cuando la llama ya quemaba la mitad del papel. Después hizo que el resto se consumiera en sus dedos y le pareció un castigo imprescindible y mínimo que el fuego ardiera tan dolorosamente en sus uñas y yemas. Luego pisó los restos carbonizados en las baldosas y mirando con la quijada altiva a Gesner le dijo:

–Perdone la falta de originalidad.

38

Apenas sobre la línea de flotación, adjuntos cual estampillas a los tubos que se elevaban de las calderas, los maliciosos comprendieron al segundo día frente a las costas de Barcelona que la familiaridad con el mar de la cual se jactaban, sería apenas el inicio de una novela de terror. Una cosa es bracear desde los suaves arrecifes hasta el faro, y «utra», según decía el austríaco Jerónimo, reventar olas en una mar de «pelo en pecho», cual el Mediterráneo. Devuelta en algunos casos por vía oral, la cena a bordo era sin embargo contundente aun en la quinta clase; ésta tenía la desventaja de estar en las cloacas pero la gran virtud de su vecindad a los nidos de ratas: las primeras alertas para la fuga en caso de naufragio.

En los desayunos se charlaba sobre el tema transatlántico, en el almuerzo el asunto era la inminente guerra mundial, que sin duda ganaría Alemania, pero en la noche las discusiones fueron sobre burdeles. En este rubro, turcos y japoneses contaron hazañas de brebajes, fumatones, pichicatas, lavados vía rectal con erotizantes, baño de tina con hashisch, multipenetraciones, *cunilinguis* con boas adiestradas, y cercenaciones de pezones a sultanas.

Los escuetos maliciosos, cuya experiencia erótica a lo más consistía en un solitario entre la espuma del mar pensando en los senos de la maestra Beatriz, fueron tragándose sus jactancias con la saliva.

Así las noches pasaron entre devoluciones, soponcios, mareos, erecciones, poluciones, lágrimas y desgarros por la ausencia de la patria. Mas también comenzaron los sueños de un Chile frutal, donde los ríos cual dulces océanos animaban parras de uvas colosales, tersuras trasparentes de sol y agua que reventaban de plenitud al mirarlas, y de un Chile mineral coronado con fértiles socavones mineros que les permitirían llenarse las manos de polvo de oro y untarse las narices y los dientes para lucir como dioses fosforescentes en un carnaval veneciano.

Sólo los hermanos Coppeta, con el atrabiliario histrionismo de los suyos, se apartaron de la norma socializante. A Esteban se lo vio replegado bajo el frío de cubierta, inserto en una tosca frazada de factura militar, y borroneando un cuaderno que le dejara de herencia la cónsul de Chile. Ella le había sugerido que escribiera todas sus angustias y padeceres, pues sólo así lograría una elasticidad mental que le permitiese recuperar la transparencia de su bella alma, enmierdada por una timidez e indecisión que lo cocinaba en ansias insatisfechas. La mujer le proporcionó también los lápices, la goma de borrar, el sacapuntas, un secante y la lapicera cuya pluma aguda solía enterrarse en la lengua, causándole más orificios y llagas que ideas geniales.

Desde la costa de Cataluña, el barco venía provisto de bacalao que el cocinero gallego lo servía batido con huevos, tras bañarlo en vinagres para rebajarle la sal. La gula se abría, y la sed no le iba a la zaga. Al comienzo hasta las bodegas chorreaban sólo agua turbia y alguna cerveza tibia, pero ya a la altura de Gibraltar la hermandad democrática de todos los que querían poner culo en polvorosa de la guerra suavizó las fronteras y dinamizó el flujo de hectolitros de vino rojo. Salvo Esteban Reino, nadie, a la medianoche estival de la nave ibérica, podía declararse en sus cabales.

Por cierto que la melancolía no era el vicio de Reino Coppeta. Desde muy temprano en la ruta atrajo su atención un robusto joven con aspecto de domador de caballos, quien construía en la soledad de un mesón, a salvo del viento, pequeñas figuras de un material moldeable a las cuales daba forma de boxeadores enfrentados en un combate. Cada cierto tiempo cambiaba la posición de un puño, introduciendo en el maxilar la garra del atacante, y torciendo el cuello de la víctima cual si le hubiera descoyuntado la mandíbula.

El hombre tomaba distancia de las figuras, las dibujaba en papel, las medía algunas veces en cartulina, y en no pocas ocasiones cambió de posición la luz de un cabo de vela para ubicarla tras los omóplatos de los púgiles. Entonces los agitaba, o desplazaba con milimétrica sutileza, y hacía anotaciones sobre el efecto que producían sus sombras en las paredes.

Sin saber el objetivo de semejante ejercicio, la curiosidad, o la intuición, condujo a Reino a interesarse por cada una de esas morosas combinaciones de golpe, e incapaz de romper la barrera del lenguaje con el robusto hombre que hablaba inglés, sólo lo observó hasta la noche avanzada, cuando la propicia oscuridad permitía que sobre la pared con grietas de oxidaciones las fantasmagorías de los luchadores cobrasen una negrura y un peso parecido a la realidad. Al principio el hombre ignoró la presencia de Reino, quien lo contemplaba con la clásica jeta abierta de un pez que ha mordido el anzuelo, pero a medida que avanzaban las noches y las mareas, el sujeto le fue haciendo comentarios breves, y el joven malicioso sin comprender inclinaba asertivo la cabeza. Hasta que en una ocasión, ensombrecidos los boxeadores contra la pantalla, el hombre le indicó que se pusiese frente a ellos y moviera los puños lentamente como quien tira de las cuerdas de un caballo.

Esta colaboración al parecer le reveló al artesano algo de importancia, pues al día siguiente puso una botella de whiskey sobre la mesa, dos vasos, y convidó a Reino a que se sentase junto a él, mientras adobaba la resistencia y flexibilidad de sus figuras con caucho, cartón, alambres y cera. De su boca no salió sin embargo ninguna teoría acerca de esos desplazamientos obsesivos, y Reino, menos por la curiosidad que por el monolingüismo, no emitió ninguna pregunta sobre el destino de esos juegos.

El único diálogo inteligible entre ambos fue cuando a la altura de la tercera botella, el cuarto día de navegación, el hombre grueso le extendió la mano, sin mirarlo, diciendo:

–Willie.

El muchacho malicioso vio esa palma oportuna y confiable, y por primera vez sintió hasta el mismo glande que su salida de la patria hacía un esbozo de sentido. Tomó la mano con entusiasta energía, y la apretó diciendo:

–Reino Coppeta.

–*Glad to meet you,* Reino.

–*Glad to meet you,* Willie.

–*I haven't realized you speak English so well.*

–*Yes.*

–*You seem to be very interested in my work.*

–*Yes* –acertó el joven.

–*Why?* –preguntó el hombretón.

–*Yes* –replicó Reino.

Willie lo cateó con una mirada más divertida que irónica, y volviendo a sus figuras, les aplicó fuego desde la agónica mecha de un postrer cabo de vela para hacerlas más flexibles. Después comentó entre dientes:

–*You don't speak a shit of English* –justo en el momento en que la llama se extinguió.

–*Yes* –dijo Reino Coppeta sacando de su bolsillo una nueva vela, blanca, cívica y religiosa, pues la había robado de la capilla de la nave, que puso sobre la mesa con fingida indiferencia.

–*Boy, oh boy* –exclamó el gringo encendiéndola–. *You're really something*, Reino.

–*Yes* –dijo Reino Coppeta, entendiendo por primera vez ciento por ciento la lengua de Shakespeare.

Hacia la mitad de la travesía del Atlántico, el joven malicioso había comenzado a asistir a Willie en la construcción de un nuevo repertorio de gladiadores. No se trataba esta vez de púgiles, sino de de una suerte de animales con protuberantes barrigas y piel de reptil, a los que el norteamericano llamó «dinosaurios», seres que habitaron el planeta hacía millones de años, que fueron aniquilados mediante el polvo y la oscuridad que levantó el cometa al chocar sobre la Tierra, y cuya presencia aún persiste en nuestras mentes gracias al inconsciente mítico que implica que cada ser humano lleva en el fondo de sí un abismo con toda la historia de la humanidad.

Justamente había venido a Europa para hablar sobre técnica de animación con los hermanos Lumière en sus laboratorios de Francia, y acerca de la exploración del inconsciente colectivo con un «joven Jung» –yang yung– dejó caer muerto de risa, «quien sacaba fantasmas del alma como un pescador sardinas en época de varazón».

Huelga decir que de esta disquisición técnica y filosófica, Reino

Coppeta sólo entendió la última metáfora, y puesto que a la hora del almuerzo se sirvió en efecto pescado frito, llegó a la ilusión de ser prácticamente bilingüe.

Así los pasatiempos favoritos de los hermanos Coppeta fueron la ayudantía pagada con whiskey en la cátedra del doctor Willis (llámeme «OBie» sugirió a dos días de la costa norteamericana), y la escritura de un diario de a bordo a cargo de Esteban, básicamente nutrido por imágenes de Alia Emar. En todas ellas la chica aparecía inalcanzable, distante, emperrada en una tristeza superior, que no alentaba al muchacho a abordarla. Esteban releía sus páginas y no hallaba otra razón que el miedo al rechazo para no haberla hecha su novia desde los días colegiales. ¿Por qué la perdí, se preguntaba retórico, si aquella vez que había rodado por el monte y las rodillas de la chica sangraron él había lamido y sanado las heridas con su propia lengua? Y luego, cuando tuvo la inspiración de seguir besándole los muslos hasta rozar los primeros pelos de su pubis, ¿no le había puesto ella la mano sobre los pómulos calientes, diciéndole basta, bestia, en un tono que, amplificado ahora por el infinito océano y el tiempo perdido, parecía gritarle muérdemela, salívamela, bendícemela?

–Muchacho –proclamó Willis OBie, cuando se avistó con catalejo la Estatua de la Libertad, el futuro del mundo está en los dinosaurios. Si consigo convencer a algún productor de mi idea me haré de tantos dólares que podré cumplir mi sueño más querido: fabricar un film con un gorila que trepe por un rascacielos de Nueva York y que aterrorice a Manhattan y el mundo. Todo consiste en darle flexibilidad a las figuras para que los distintos fotogramas no resulten quebrados y se aumente la ilusión de realidad. El resto es asunto de proporciones, de luces, de trucos. *Lots of money in this business, young* Coppeta.

–*Many*, OBie –repetía Reino con los ojos centelleantes.

Un mozo inglés al que le habían permutado una sentencia en la cárcel de Aberdeen por el servicio de las cloacas en la nave, hizo de traductor:

–OBie quiere que trabajes con él en Nueva York. Construyendo dinosaurios.

–Dile que estaría feliz de hacerlo.

–Pregunta si tienes pasaporte y visa para entrar en EE. UU.

–Pasaporte tengo.

–¿Quiere echarle una mirada?

Reino extrajo la parodia de la Santa Cena y la expuso estirándola con las palmas sobre la mesa de modelaje. Willis quedó tan perplejo con esa obra de arte gregaria que sólo atinó a abrir su garrafón de scotch olvidando ofrecer un sorbo a los adláteres, y tras echarse un buen trago se refregó los ojos temiendo el inicio de una secuencia de delirios tremebundos.

–Dice que con esta mierda no puedes entrar en EE. UU. Te falta la visa.

El joven marcó con un dedo el sello consular.

–Eso –aclaró el hombre de Aberdeen– es un permiso para que entres en Chile. Esta noche llegaremos a Estados Unidos. La cabeza del mundo. Chile está allá abajo, en el culo del mundo.

–Es la cola del dinosaurio –sonrió Reino.

–La cola del dinosaurio –rió Willis, pasándole un billete de diez dólares junto con un sonoro beso en la frente.

El malicioso se guardó sin dramatizaciones el billete y sentando compulsivamente a OBie junto al arsenal de muñequitos, cartulinas, restos de alambre, madera, virutilla, y esmaltes, tomó una espátula y pulsando con ella filial el pecho de su tutor, le dijo:

291

–Antes de que nos separemos, tío OBie, cuénteme cómo es la película que hará con nuestros dinosaurios.

El gringo miró el desparramo sobre la cubierta cual un estratega que alista sus tropas diezmadas para una heroica ofensiva final, y abrazó a Reino, antes de carraspear.

–Es un film sobre el eslabón perdido, *The missing link*. El héroe será una bestia prehistórica que se va a llamar Teófilo Cabeza de Marfil. Ésta llega a un territorio donde habitan dos terribles rivales: el Duque y Mandíbula de Piedra. Los dos tratarán de conquistar a una dinosauria llamada Araminta Cara de Roca. La dama manda a los dos brutos a buscar comida y promete que se entregará a quien le traiga la presa más suculenta y delicada para su cena. ¿Me sigues?

– *Yes.*

–Bien. Las dos fieras intentan cazar algo con sus arcos y flechas, pero lo único que encuentran es un enorme pájaro prehistórico que sale de su nido y les picotea los talones. Y entonces aparece Salvaje Bill, el Eslabón Perdido, horroroso de peludo, que a la orilla del lago se traba en una lucha con un brontosaurio. Esa maqueta de aquí es el brontosaurio.

– *Yes.*

–El brontosaurio hace mierda a Salvaje Bill y lo deja muerto.

–Lo deja para la cagada –agregó académicamente Reino, estrujando un trozo de arcilla.

–Lo hace mierda. Entonces se hunde en el lago. Justo entonces aparece Teófilo Cabeza de Marfil, y como ve venir a los rivales Duque y Mandíbula de Piedra coloca su pata arriba del cuerpo de Salvaje Bill como si él lo hubiera liquidado. La heroína no puede resistir tanto valor, abandona a sus dos galanes, y se queda con Teófilo.

–¿Y?

–Fin.

–*No fuck?*

–El público se lo imagina, por supuesto.

–*Big fuck.*

–*Dinosaure fuck.*

–*Good film.*

–Todo lo que necesito es un productor que me pase unos cinco mil dólares.

–¿Cuánta plata es eso?

–Dos mil quinientas veces los diez dedos de tus manos.

–*Many fingers!*

–*Quite a lot.*

–*Good film. Excellent film.*

Reino miró con tristeza el brontosaurio. Le hizo levantar una garra y la fue bajando cuadro a cuadro, girando al mismo tiempo el cuello de la maqueta, como debería proceder si fuera el ayudante de OBie en un laboratorio.

–¿Cuánto dura el film, jefe?

–Cinco minutos.

–Pavlovic me contó que vio en un cine una película de dos horas: *Quo vadis.*

–¿Quién es Pavlovic?

–Un hijo de puta.

–Cuando haga la historia del mono también durará dos horas.

El joven puso la vista sobre la botella de whiskey a medio vaciar y el norteamericano le sirvió una dosis abundante.

–¿Qué estás pensando, Reino?

El muchacho probó apenas con la punta de la lengua el trago, lo paseó por los labios disfrutando el grato sabor y calorcillo, y suspiró:

–Dos horas. Millón de dólares. Doscientos mil dedos.

39

En algún momento pensé que la distancia
cambiaría mi cuerpo vaciaría mi alma
que todas las campanas de los puertos
me apartarían de ti, me llevarían lejos.

Lentos los días tenaces y semejantes
nada dejan detrás nada ponen delante
el mar de espuma y agua indiferente
moja mis ojos y no calma mi frente.

Cada noche en vela caen a mis pestañas
fantasmas de estrellas luces del alba
las risas del capitán en la mesa del vino
mi presente incierto es mi único destino.

Dicen que esta noche llegaremos a Nueva York. Cuentan que el capitán
nos encerrará en la bodega. Nos dará palos de escobas para que ahuyentemos
a las ratas. Los aduaneros subirán al barco con máscaras y nos rociarán ben-
cina para quemar los piojos. Dicen que son bromas que hace el capitán. Yo

lo único que tengo es dolor y este cuaderno donde acumulo poesía hecha de nada, para la nada, palabras.

Reino le arrebató las páginas a Esteban y con furia las puso bajo la colchoneta.

–No te metas en mis cosas.

–¿Qué tiene de malo, Tebi? Soy tu hermano.

–*Eras* mi hermano. Ahora no soy el hermano de un asesino.

–Hicimos historia, chico.

–Tú nos metiste a todos en este lío. Tienes mala sangre, Reino.

–Lo que hice hecho está. No vamos a revolvernos siempre en lo mismo. Tenemos un futuro por delante y un pasado glorioso por atrás. Años más tarde los niños leerán sobre nosotros en la escuela. ¡Los dignos herederos del viejo Coppeta!

–Comidos por los piojos, mordidos por las ratas, la piel llagada por la maldita caldera. Sin novia, sin esposa, sin patria.

–¿Patria, Tebi? ¡Esto es la patria!

–¿Esta mierda?

–Donde tú y yo vayamos estará la patria. No necesitas pensar toda la vida que los mejores tallarines son los que te cocinaba la abuelita.

–Vi en un mapa dónde quedaba Chile.

–¿Y?

–Lejos, Reino. Se ve como un lugar del cual no se vuelve.

–Dicen que si te agachas en la calle y escarbas la tierra encuentras oro. Pedazos de oro grandes como tus bolas. Tienen un himno patrio sensacional. Dicen que Chile es la copia feliz del paraíso. Es todo verde, está lleno de faisanes y pájaros, los ríos manan por todas partes, los lagos son transparentes y las chicas guapísimas, altas, orgullosas, calientes y con buenas tetas.

–¿Eso dice el himno?

–Te lo juro. Te deseo suerte en Chile, Tebi.

–¿Cómo es eso?

–Yo no voy para allá, hermano. En verdad, vine a despedirme.

–¿Adónde te vas?

–No me voy, perro. Me quedo.

Reino se puso de pie y limpió la tierra mezclada con óxido del ojo de buey. Afuera no había sino la noche perfecta del océano.

–¿Reino?

–Me quedo en Nueva York.

–No tienes pasaporte, no tienes visa, y estás lleno de pulgas. No te dejarán entrar.

–Dame un abrazo.

–¡Mataste a un pobre chico desarmado!

–Era un enemigo, idiota. Si no lo matas hoy, él te mata mañana.

–Era un pobre niño gordinflón.

Reino se revisó los bolsillos de los pantalones y puso todo encima de la frazada café, perfeccionada con picaduras de polillas y roída de ratas.

–No hay luna ni oleaje. Saltaré por la proa aprovechando que el barco está varado. Entraré nadando a Nueva York, hermanito.

–Estamos a una noche de navegación. Se te reventarán los pulmones si nadas.

–Trabajaré con OBie en su estudio construyendo dinosaurios. Y cuando tengamos dinero, haremos una historia espantosa. El cuento de un gorila que se come los rascacielos de Nueva York. Vamos a ganar un millón de dólares.

Esteban fue hasta la puerta y le puso pestillo.

–De aquí no sales.

–Me las he arreglado toda la vida sin un padre. No necesito a nadie que me cuide.

–No lo hago por ti, imbécil. No te voy a dejar saltar por la *mamá*.

Reino consideró sus pertenencias sobre la mesa y las puso en dos grupos. A la izquierda, el cepillo de dientes, la llave de la casa en Costas de Malicia, una corbata de luto, un bolo con billetes maliciosos y un sobre que abrió para extraer la página de *La República* donde Pavlovic había narrado su hazaña. En el otro aparte, colocó un billete de diez dólares, un cortaplumas con sus puntas perfectamente afiladas, un pito de árbitro de basketball, y una vela.

–Con esta mitad puedes quedarte. Guarda bien el diario porque eso te recordará que vienes de una familia patriota. No eres un piojo anónimo.

–Tiraré tu prontuario a la basura.

–Y el cepillo. Úsalo, escárbate bien los dientes. Hueles a azufre y guarisapo podrido. Harás vomitar a las chicas en Chile.

–Te comerán los tiburones, Reino.

–Son aguas frías.

–No aguantarás hasta la costa. Los guardiamarinas andan circulando con sus lanchas. Te meterán un tiro en la nuca.

–Todo sea por el cine.

Abrió los brazos y le indicó con todos los dedos que viniera hacia él.

Sacó una sonrisa que le salía de muy adentro, y su hermano no pudo evitar revivir el rostro de la madre. Mucho lo azuzaba a ir hacia él, pero algo mudo y terco se lo impedía.

–¿Qué locura te dio por el cine?

–Es el negocio del siglo. Dinosaurios, gorilas, marcianos. Es la gran oportunidad. Estamos a dos brazadas de la gloria.

–¿Estamos?

–¡Salta conmigo, Tebi! ¡Imagínate! ¡Nueva York, las chicas con trajes de visón, las negras bailando turumbas en los bares, los trenes que zumban, las calles iluminadas en una fiesta permanente, y tú y yo juntos: los Coppeta con la verga tiesa y menores de veinte años! ¿Y cuál es el precio de toda esta gloria?: ¡una zambullida!

–Baja esos brazos, hombre: Te ves ridículo como un espantapájaros.

–¡Qué espantapájaros! Te mueres de ganas pero tienes miedo.

–No tengo papeles.

–Los fabricaremos.

–No sé inglés.

–Lo aprenderás. Dinero es *money*. Tirar es *fucking*. Película es *movie*.

–La última palabra que me dijo Alia Emar fue *Chile*, quizá algún día…

–¿Algún día qué? –gritó Reino deshaciendo su pose y estrellando un puño contra la otra mano–. ¿Se va a meter a tu cama de diamantes y rubíes en Chile? ¡Si la tuviste en la punta de tu pico y no le hiciste nada!

–¡Por decencia, Reino! Ésa es una palabra que no conoces.

–Te va a pudrir vertiginosamente, Tebi. A los veintiún años se te caerán los dientes y a los treinta tendrás el espinazo curvo de tanto humillarte. ¡Si yo tuviera esos ojos tuyos sería el rey del mundo!

–Alia Emar vio *algo* en el fondo de estos ojos. Era un viaje que emprenderíamos juntos. Un trayecto mucho más enorme que esto. Todo iba tan bien hasta que tú lo echaste a perder con tu mierda de asesinatos y tu sangre caliente.

Reino se puso la navaja en el bolsillo y se amarró la corbata negra en la frente.

–Esteban Coppeta, decide en este instante: ¡Nueva York o la mierda!

Tuvo el *sí* en los labios y lo cubrió pasándose saliva con la lengua. Quiso golpear como los adolescentes la entusiasta palma de Reino y escabullirse con él por los pasillos caldeados de la nave hasta la proa. Trató de que los nervios lo impulsaran a decir las dos sílabas que estaban maduras entre sus dientes: Nueva York. Pero se calló, obstinado y confuso.

Con el golpe de una uña, Reino aflojó el pestillo y se perdió por los corredores y los tubos sin darse vuelta. Sólo entonces Esteban reaccionó y fue hasta la proa. En el salón de primera clase se tocaba jazz, un guardia lo vio pasar indiferente, y lo saludó bostezando.

Llegó a la proa de la nave, justo cuando su hermano echaba adelante los brazos, flectaba las rodillas, y se impulsaba con las puntas de los pies igual que lo hacía desde los arrecifes en la isla, con un gancho de fierro entre los dientes para ir a cazar pulpos entre las rocas. Oyó el chapoteo de cuerpo, y pudo ver que el guardia seguía bostezando mientras miraba por la ventanilla hacia la orquesta vestida con chalecos multicolores.

Se asomó por la borda, y distinguió, entre la solemne y breve claridad de la espuma en alta mar, el cuerpo de Reino Coppeta enfilado hacia la costa, braceando con fuerza, con ferocidad, con gracia, con determinación, con el cortaplumas presto en la boca por si lo atacaba algún monstruo de esos que construía en sus sueños, o para rebanarse la yugular en caso de que le faltara el aire o los guardacostas le acertaran un balazo.

40

Un 3 de junio, el pelotón de malicio-sos presentó sus credenciales a las autoridades marítimas del puerto de Antofagasta en el norte de Chile. No los habían dejado desembarcar en Buenos Aires, pues el jefe del Servicio de Inmigraciones no encontró en ningún tratado, ni en los apuntes de clase de su juventud, artículos excepcionales que permitieran reconocer un pasaporte colectivo como válido. Éste estaba emitido en un perfecto español, y según su catálogo, el timbre de la hermana República de Chile, aunque estampado en Italia, era legítimo como la seña de su pulgar.

La figura colectiva estaba autorizada para una madre que viajara con hijos menores de edad, y ninguno de esos mocetones de barba y cejas feroces, con los pantalones manchados de harina o semen, podría pasar por una fértil *madonna*. Descendiente él mismo de italiano les convidó a cerveza nacional, pidió al Flaco opiniones sobre la eventualidad de que se desatara una guerra mundial, les hizo traer una parrilla con bifes de chorizo crujientes por fuera y jugosos por dentro, y los llevó de vuelta al barco con el sabio consejo de que el único país que aceptaría un pasaporte con esas características tan plurales, podría ser Chile, pues si había osado emitirlo, contraía un compromiso de reconocerlo en caso de presentación ante las autoridades locales.

Tras hielos de navegación, pues los maliciosos midieron el tiempo en grados de frío patagónico y desfiles de *icebergs*, la nave atracó en la ciudad de Punta Arenas bajo tal temporal de nieve, con ventiscas de cincuenta nudos, que una patética manada de ovejas, a pesar de su tupida lana, tiritaba bajo los copos.

Ninguno de los inmigrantes quiso sacar la mano del bolsillo para exhibir el pasaporte, y hundidos en las frazadas que arrancaron de sus lechos, se limitaron a mirar atónitos cómo los portuarios levantaban a los animales con grúas y los metían en la bodega baleando de júbilo por huir de esas hostilidades.

A pesar de que ingresaban en territorio chileno, nadie les pidió documentos, y ningún tripulante, ni el suboficial, ni siquiera el capitán los conminó a desalojar el navío. Un par de soldados recorrieron la cubierta sin afanes inquisitivos, y cuando el capitán les pasó una botella de *White Horse* y un cartón con tabaco, descendieron hacia el muelle golpeándose jubilosas las espaldas.

En el trayecto hacia el norte mejoró considerablemente el rancho. Las lentejas fueron matizadas con longaniza, el arroz infiltrado con mariscos, el puré de papas avergonzado con un par de huevos fritos, y la sopa de verduras bañadas con un delicioso pez difícil de pronunciar que a la larga resultó ser *congrio*. También se desplegaron machas y almejas, moluscos con capciosas valvas minerales, que los maliciosos lamieron con avidez y luego mordieron intentando, sin suerte, partirlas y deglutirlas, en un lejano homenaje a Stamos Marinakis. Tras la cena, mecidos por el Pacífico, algunos pasajeros que se habían agregado en Punta Arenas esgrimieron una guitarra y maracas, y procedieron a cantar, el primer día con ritmo de vals, y el segundo con redobles de turumba, el tema más melancólico de la navegación de alta mar:

> *Si una estrella cayera del cielo*
> *Mis ojos con su luz cegaría*
> *Mis piernas solitarias sin guía*
> *Se fueran camino al infierno.*
>
> *Pero si en un recodo de dicha*
> *Surgiera tu rostro de lucero,*
> *La pena moriría de envidia*
> *Y mi beso se hundiría en tu pelo.*
>
> *A navegar, a navegar,*
> *Lo mismo da, adonde se va*
> *La Cruz del Sur, la Cruz del Sur*
> *Siempre está donde estás tú.*

Cuando Rolando el Largo marineado en agua ardiente fue sorprendido tratando de bajarle los calzoncillos al suboficial, los maliciosos lo arrinconaron e hicieron un juramento solemne que lo bajarían en el próximo puerto donde hubiera algo que remotamente se pareciera a una mujer.

Esa bahía, un 3 de junio revoltoso al de sol, parco de nubes, suave de brisa, y lejano de miradas, fue la ciudad de Antofagasta. Aunque a los maliciosos la aldea les parecía tan escueta como su isla natal, la presencia de una hembra en el atracadero con senos albos y cabellera azabache, les sugirió que estaban en los umbrales del paraíso. La Cruz del Sur está siempre donde estás tú. Bajaron con sus mochilas tirillentas, peinados al azote del agua salada, pulcramente enhiestos en una camisa pasada por almidón, olorosos a algas y cochayuyos.

Altivos e inocentes, se agruparon en la misma figura que componía la foto del pasaporte, sólo que en versión mejorada por la comida, las ganas y las albricias de tener un país que se llamaba Antofagasta o algo por el estilo. Nunca más podrían decir esa palabra de montículos y piedras, de jabonosa saliva que les hacía castañetear los dientes: *Antofagasta* fue para el noventa por ciento de ellos el comienzo y el final del jeroglífico laberinto: *Antofogosto.*

El inspector de aduanas consideró la firma sobre el sello consular, y no obstante, la tierna lágrima que desbordó sus pupilas cuando dijo disparatadamente «piececitos de niños azulosos de frío», increpó al Flaco con un poderoso y velludo índice sobre el pecho.

–Falta un *huevón* aquí, compadre. Éste con cara de *choro.*

–Se cayó al agua, capitán.

–¿Y se lo comió un tiburón con pelotas y todo?

–Con amígdalas y todo, capitán.

–¡Eso, *miéchica!* Me gusta que me digan *capitán.*

Estampó un grueso sello sobre la página con la delirante firma de la señora cónsul, y dijo con voz tronante:

–La mejor casa de putas está en la esquina de Prat con Esmeralda. El mejor bar queda en Matta con Sucre. El mejor hospital para morirse es el del doctor Rendic que habla malicioso y clava inyecciones. El único poeta del pueblo tiene cirrosis y vende su bodega en cuotas mensuales. La primera cacha con las putas es gratis, la segunda es a crédito, y la tercera vale doble. Si encuentro a alguno de ustedes separado del lote, lo hago fusilar por pajero y anarquista. Sáquense los piojos y las pulgas, anden siempre en patota, y no se olviden de esta patria que los cobija con los brazos abiertos. ¡Repitan conmigo!: «¡Viva Chile, mierda!»

–¡Viva Chile, mierda! –repitió afinadamente el grupo, constituyéndose ahí mismo en la base del coro Malicioso Dom que obtuvo fama internacional años más tarde.

Ya en las maderas del muelle, como siguiendo el ritmo de una lenta profecía, Esteban se quedó remolón a la zaga del grupo, y perdió el tiempo mirándose los pies hasta que los muchachos doblaron la esquina vociferando canciones maternas.

Cuando alzó la vista, tuvo a un metro de distancia al periodista Pavlovic: una mano en el bolsillo de su chaqueta negra a punto de sacar algo.

–Ha sido un largo peregrinaje, Esteban Coppeta.

–Largo, triste, mojado e inútil, doctor Pavlovic.

Miró con desgana los modestos cerros, las calles de tierra, el horizonte calcinado, las espinas de jurel entre las grietas del malecón, el silencio del mediodía, la parca brisa, y en todo el círculo que abarcó sus ojos, no vio una flor, un árbol, una mata, un arbusto, un tajo verde en ninguna parte.

–No hay agua, ¿cierto?

–Hay, pero salada.

–¿Hay trigo?

–No hay.

–¿Hay cebada, centeno o maíz?

–No hay.

–¿Hay brevas o higos?

–De haberlos no los hay.

–¿Hay manzanas o peras, habas, garbanzos, lentejas o papas?

–No muchacho. No hay.

–¿Hay beterragas, repollos o acelga?

–No, Esteban. No hay. Tampoco hay miel ni cera de abejas.

–¿Entonces en qué puedo trabajar? No veo un árbol ni una planta.

–En la plaza hay un pavo real. Y el mar está lleno de peces.

–Pero la tierra, doctor, ¿qué mierda da?

–Nada, chiquillo. Toda la riqueza de esta tierra está *debajo* de la tierra.

–No entiendo.

–Minerales, muchacho.

–No hay nada, doctor. Esto es la nada en pelotas.

–Hay un espléndido diario. Yo escribo en él.

Esteban se frotó la cara y sintió los ojos ya áridos de tanta arena y tierra, de silencio rotundo y pusilánime. Tragando saliva, se secó con la muñeca la transpiración de la frente. El periodista apretó el papel en el interior del bolsillo, y antes de extraerlo, carraspeó tras mojarse largamente los labios.

–Y hay malas noticias, hijo.

Le extendió el papel sin mirarlo. Pero en cuanto hubo dejado la misiva en manos de Esteban se desató la corbata gris del almidonado cuello blanco. Con el puño se limpió la pluma de un ave que rozó su bigote.

Esteban desplegó el mensaje y la intensidad de su mirada devoró el texto de un mordisco.

«Señor Esteban Coppeta. Antofagasta. Lamento comunicar Alia Emar vejada por tropas enemigas. Me duele confirmar suicidio don Jerónimo Franck frente al puerto. Le deseo una nueva vida más feliz en Chile. Con atentos saludos. Padre Pregel, Costas de Malicia.»

El cuerpo de Esteban fue asaltado por un hormigueo de rubor. La asfixiante marea le dobló las rodillas y le punzó el ombligo con un vértigo incontrolable. Lágrimas gruesas le cerraron la garganta, y su frente giró desbocada, movida por la súbita fiebre de un delirio.

Cayó de rodillas al suelo, y hundiendo la nariz como un perro en la tierra estéril, dijo:

—¡Que haya Dios!

ESTE LIBRO HA SIDO IMPRESO
EN LOS TALLERES DE
MATEU CROMO
CTRA. DE FUENLABRADA, S/N (MADRID)